43 SINCE1980 rd

Let's grow together

NE능률이 미래를 창조합니다.

건강한 배움의 고객가치를 제공하겠다는 꿈을 실현하기 위해
40년이 넘는 시간 동안 열심히 달려왔습니다.

앞으로도 끊임없는 연구와 노력을 통해
당연한 것을 멈추지 않고

고객, 기업, 직원 모두가 함께 성장하는 NE능률이 되겠습니다.

NE 능률

· 초등 교과서 필수 어휘 40일 완성 ·

주니어 능률 VOCA

어휘 암기장 STARTER 2

DAY 01 단어를 따라 쓰고, 큰 소리로 읽어 보세요.

think
think
생각하다

live
live
살다

space
space
1. 공간 2. 우주

grade
grade
1. 성적 2. 학년

calm
calm
침착한, 차분한

lesson
lesson
1. 수업 2. 교훈

듣고 따라
읽어 보세요.

hard

hard

단단한, 딱딱한

floor

floor

1. 바닥 2. 층

quickly

quickly

빨리, 빠르게

decide

decide

결정[결심]하다

person

person

사람, 개인

across

across

~을 가로질러

DAY 02 단어를 따라 쓰고, 큰 소리로 읽어 보세요.

use

use

쓰다, 사용하다

lazy

lazy

게으른

free

free

1. 자유로운
2. 무료의

habit

habit

습관, 버릇

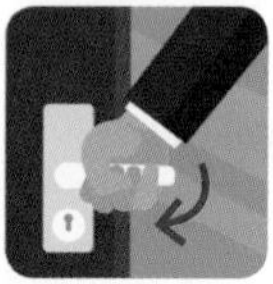

turn

turn

돌다, 돌리다

calendar

calendar

달력

듣고 따라
읽어 보세요.

often

often

자주, 종종

bright

bright

밝은, 빛나는

take

take

잡다, 받다

perfect

perfect

완벽한

museum

museum

박물관, 미술관

country

country

국가, 나라

DAY 03 단어를 따라 쓰고, 큰 소리로 읽어 보세요.

fun

fun

재미, 즐거움

idea

idea

생각, 아이디어

show

show

보여주다; 공연

bored

bored

지루해하는

thank

thank

감사하다

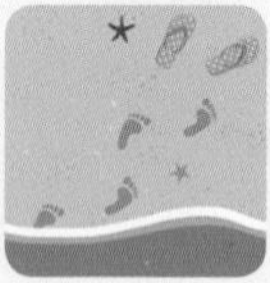

sand

sand

모래

듣고 따라
읽어 보세요.

curious

curious

궁금한

bookstore

bookstore

서점, 책방

fashion

fashion

1. 유행 2. 패션

catch

catch

(붙)잡다

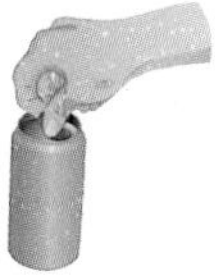

easily

easily

쉽게, 용이하게

front

front

앞면, 앞쪽

DAY 04

단어를 따라 쓰고, 큰 소리로 읽어 보세요.

win

win

이기다

ocean

ocean

1. 바다 2. 대양

honest

honest

1. 정직한 2. 솔직한

climb

climb

오르다, 등반하다

neighbor

neighbor

이웃

god

god

1. 신 2. 하느님

듣고 따라
읽어 보세요.

because

because

~ 때문에, 왜냐하면

break

break

깨다, 부서지다

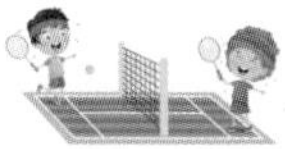

match

match

경기, 시합

expensive

expensive

비싼

camp

camp

야영지, 캠프

popular

popular

인기 있는

DAY 05 단어를 따라 쓰고, 큰 소리로 읽어 보세요.

wear

wear

입고 있다

bill

bill

고지서, 청구서

cry

cry

울다

island

island

섬

address

address

주소

hundred

hundred

100, 백

듣고 따라
읽어 보세요.

funny
funny

우스운, 재미있는

fat
fat

뚱뚱한, 살찐

sell
sell

1. 팔다 2. 팔리다

around
around

~ 주위에

plan
plan

계획; 계획하다

engineer
engineer

기사, 기술자

DAY 06 단어를 따라 쓰고, 큰 소리로 읽어 보세요.

sit sit 앉다

cash cash 현금, 현찰

lovely lovely 사랑스러운

create create 창조하다, 만들다

scary scary 무서운, 겁나는

theater theater 극장

듣고 따라 읽어 보세요.

borrow

borrow

빌리다

mistake

mistake

실수, 잘못

forest

forest

숲, 삼림

without

without

~ 없이

memory

memory

1. 기억(력) 2. 추억

bug

bug

벌레, 곤충

DAY 07 단어를 따라 쓰고, 큰 소리로 읽어 보세요.

hear

hear

듣다, 들리다

cage

cage

우리, 새장

past

past

과거의, 지나간

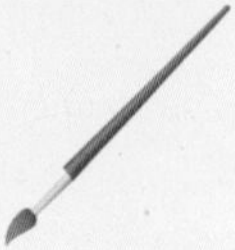

brush

brush

붓, 솔, 빗

try

try

노력하다

next

next

다음의

듣고 따라
읽어 보세요.

beach
beach

해변, 바닷가

tail
tail

꼬리

early
early

일찍, 빨리

example
example

예(시), 사례, 보기

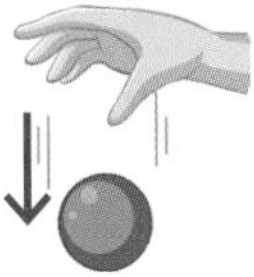

fall
fall

떨어지다

problem
problem

문제

DAY 08 단어를 따라 쓰고, 큰 소리로 읽어 보세요.

life

life

생명, 목숨

build

build

(건물을) 짓다

ride

ride

타다; 타기

weak

weak

약한, 힘이 없는

laugh

laugh

(소리 내어) 웃다

office

office

사무실, 회사

듣고 따라
읽어 보세요.

stick
stick

1. 나뭇가지 2. 채

serious
serious

1. 심각한 2. 진지한

loud
loud

큰, 시끄러운

pumpkin
pumpkin

호박

pool
pool

1. 수영장 2. 웅덩이

until
until

~까지, ~할 때까지

DAY 09 단어를 따라 쓰고, 큰 소리로 읽어 보세요.

keep

keep

(상태를) 유지하다

thing

thing

물건, 것

church

church

교회

join

join

1. 가입하다
2. 연결하다

mad

mad

1. 화가 난 2. 미친

weight

weight

무게, 체중

듣고 따라
읽어 보세요.

die

die

죽다, 사망하다

sure

sure

확신하는, 확실한

festival

festival

축제

first

first

첫 (번)째의

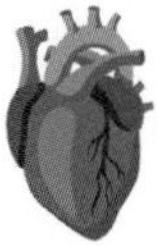

heart

heart

1. 심장
2. 마음, 감정

strange

strange

1. 이상한 2. 낯선

DAY 10 단어를 따라 쓰고, 큰 소리로 읽어 보세요.

race

race

경주

garbage

garbage

쓰레기

let

let

~하게 하다

nail

nail

손톱, 발톱

above

above

~보다 위에

robot

robot

로봇

듣고 따라
읽어 보세요.

station
station

역, 정거장[정류장]

lonely
lonely

외로운, 쓸쓸한

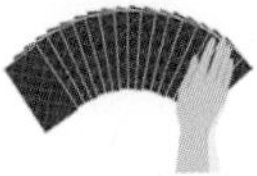

pick
pick

고르다

palace
palace

궁전

ghost
ghost

유령, 귀신

fantastic
fantastic

환상적인, 멋진

DAY 11

단어를 따라 쓰고, 큰 소리로 읽어 보세요.

speak

speak

말하다, 이야기하다

top

top

맨 위, 꼭대기

beef

beef

소고기

worry

worry

걱정하다

hero

hero

1. 영웅 2. 주인공

careful

careful

조심하는, 주의 깊은

듣고 따라
읽어 보세요.

wood

wood

나무, 목재

score

score

점수, 득점

rest

rest

휴식; 쉬다

follow

follow

~를 따라가다[오다]

copy

copy

복사(본), 복제(본)

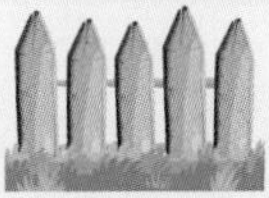

fence

fence

울타리, 담

DAY 12

단어를 따라 쓰고, 큰 소리로 읽어 보세요.

home

home

집, 가정

fan

fan

1. 팬 2. 선풍기

difficult

difficult

어려운, 힘든

salt

salt

소금

push

push

1. 밀다 2. 누르다

upset

upset

속상한, 화난

듣고 따라
읽어 보세요.

safe

safe

안전한

fix

fix

1. 고치다
2. 고정시키다

contest

contest

대회, 시합

hate

hate

(몹시) 싫어하다

badminton

badminton

배드민턴

almost

almost

거의

DAY 13 단어를 따라 쓰고, 큰 소리로 읽어 보세요.

wife

wife

아내, 부인

fact

fact

사실

talk

talk

말하기, 이야기하다

artist

artist

화가, 예술가

hang

hang

걸(리)다, 매달(리)다

background

background

배경

듣고 따라
읽어 보세요.

cover
cover
덮다, 가리다

jeans
jeans
청바지

special
special
특별한

health
health
건강

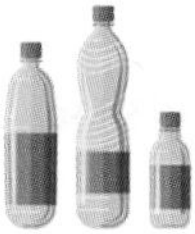

bottle
bottle
병

role
role
역할, 임무

DAY 14 단어를 따라 쓰고, 큰 소리로 읽어 보세요.

bring
bring
가져오다, 데려오다

curly
curly
곱슬곱슬한

stair
stair
계단

couple
couple
커플, 부부

guess
guess
추측하다, 짐작하다

backpack
backpack
배낭

듣고 따라
읽어 보세요.

ready
ready

준비가 된

desert
desert

사막

rule
rule

규칙, 규정

by
by

~ 옆에

crowd
crowd

군중, 인파

grape
grape

포도

DAY 15

단어를 따라 쓰고, 큰 소리로 읽어 보세요.

return

return

돌아오다[가다]

coin

coin

동전

must

must

~해야 한다

business

business

사업, 거래

nervous

nervous

긴장한, 초조한

battery

battery

건전지, 배터리

듣고 따라
읽어 보세요.

rice

rice

밥, 쌀

death

death

죽음, 사망

cross

cross

건너다, 가로지르다

human

human

인간, 사람

colorful

colorful

알록달록한, 다채로운

shower

shower

1. 샤워 2. 소나기

DAY 16

단어를 따라 쓰고, 큰 소리로 읽어 보세요.

may

may

~일지도 모른다

base

base

(사물의) 맨 아랫부분

enjoy

enjoy

즐기다, 즐거워하다

village

village

(시골) 마을

traditional

traditional

전통의, 전통적인

writer

writer

작가, 쓴 사람

듣고 따라
읽어 보세요.

against

against

~에 맞서,
~을 상대하여

mind

mind

마음, 정신

sentence

sentence

문장

strong

strong

힘센, 강한

away

away

떨어져, 멀리

information

information

정보, 자료

DAY 17

단어를 따라 쓰고, 큰 소리로 읽어 보세요.

heat

heat

열기, 열

prize

prize

상, 상품

travel

travel

(먼 곳으로) 여행하다

center

center

중심, 중앙

boss

boss

(직장의) 상사

newspaper

newspaper

신문

듣고 따라
읽어 보세요.

need

need

필요하다

last

last

마지막의

wonderful

wonderful

아주 멋진, 훌륭한

nothing

nothing

아무것도 ~ 아니다

stadium

stadium

경기장, 스타디움

file

file

파일, 서류철

DAY 18

단어를 따라 쓰고, 큰 소리로 읽어 보세요.

tell

tell

말하다, 이야기하다

form

form

종류, 유형

large

large

(규모가) 큰, 넓은

ticket

ticket

표, 입장권

forget

forget

잊다, 잊어버리다

shake

shake

흔들다, 흔들리다

듣고 따라
읽어 보세요.

sweet
sweet

달콤한, 단

fry
fry

튀기다, 볶다

bomb
bomb

폭탄

along
along

~을 따라서; 앞으로

reporter
reporter

(보도) 기자, 리포터

however
however

그러나, 하지만

DAY 19 단어를 따라 쓰고, 큰 소리로 읽어 보세요.

club

club

동아리, 클럽

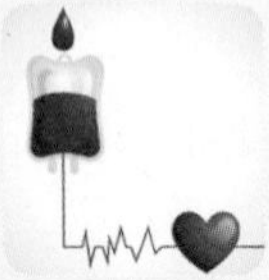

blood

blood

피, 혈액

real

real

실제의, 현실의

same

same

(똑)같은

subway

subway

지하철

mathematics

mathematics

수학

듣고 따라
읽어 보세요.

fill

fill

채우다

oil

oil

기름

lady

lady

여자분, 여성, 숙녀

hurry

hurry

서두르다

control

control

지배하다, 통제하다

vegetable

vegetable

채소, 야채

DAY 20 단어를 따라 쓰고, 큰 소리로 읽어 보세요.

carry

carry

나르다, 운반하다

bottom

bottom

맨 아래, 바닥

danger

danger

위험

giant

giant

거대한; 거인

enough

enough

충분한; 충분히

gentleman

gentleman

남자분, 신사

듣고 따라
읽어 보세요.

spicy

spicy

매운, 매콤한

nature

nature

자연

order

order

순서; 명령하다

wall

wall

1. 벽 2. 담

terrible

terrible

끔찍한

congratulate

congratulate

축하하다

DAY 21

단어를 따라 쓰고, 큰 소리로 읽어 보세요.

twice

twice

두 번, 2회

fever

fever

(병으로 인한) 열

empty

empty

비어 있는, 빈

lose

lose

잃어버리다

speed

speed

속도, 속력

salty

salty

짠, 짭짤한

듣고 따라
읽어 보세요.

noodle
noodle

국수

main
main

주된, 주요한

design
design

디자인

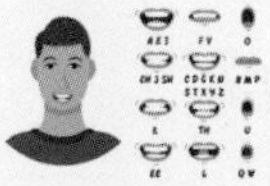

accent
accent

억양, 말투

fresh
fresh

신선한

elementary
elementary

초보의, 초급의

DAY 22 단어를 따라 쓰고, 큰 소리로 읽어 보세요.

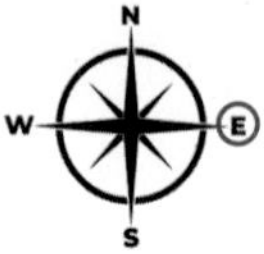

east

east

동쪽; 동쪽의

invite

invite

초대하다

kid

kid

아이, 어린이

future

future

미래, 장래

below

below

~보다 아래에

1000

thousand

thousand

1000, 천

듣고 따라
읽어 보세요.

type
type

종류, 유형

face
face

얼굴

gesture
gesture

몸짓, 제스처

mix
mix

섞다, 섞이다

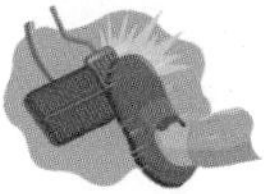

brake
brake

브레이크, 제동 장치

excited
excited

신이 난, 들뜬

DAY 23 단어를 따라 쓰고, 큰 소리로 읽어 보세요.

gate

gate

출입문, 문

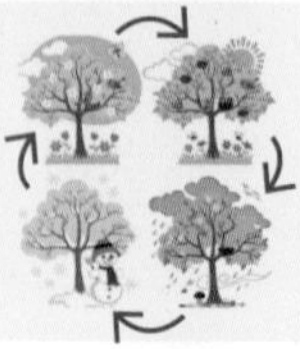

cycle

cycle

순환, 주기

brand

brand

상표, 브랜드

field

field

들판, 밭

shout

shout

소리치다, 외치다

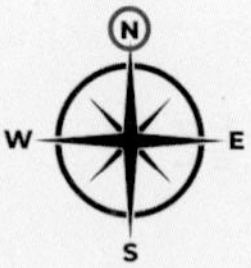

north

north

북쪽; 북쪽의

듣고 따라
읽어 보세요.

middle

middle

가운데, 중앙

medicine

medicine

1. 약 2. 의학

present

present

1. 현재의 2. 참석한

throw

throw

던지다

far

far

멀리; 먼

bakery

bakery

빵집, 제과점

DAY 24 단어를 따라 쓰고, 큰 소리로 읽어 보세요.

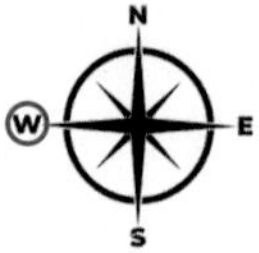

west

west

서쪽; 서쪽의

become

become

~이 되다, ~해지다

wild

wild

야생의

if

if

(만약) ~라면

protect

protect

보호하다, 지키다

castle

castle

성

듣고 따라
읽어 보세요.

bat

bat

방망이, 배트

reason

reason

이유, 까닭

leaf

leaf

잎, 나뭇잎

amazing

amazing

놀라운, 굉장한

power

power

힘, 능력

grandparent

grandparent

조부모

DAY 25 단어를 따라 쓰고, 큰 소리로 읽어 보세요.

spend

spend

(돈을) 쓰다

bite

bite

물다; 한 입(의 양)

pear

pear

배

chance

chance

1. 가능성 2. 기회

taste

taste

맛; 맛이 나다

end

end

끝, 마지막

듣고 따라
읽어 보세요.

straight
straight

뚝바로, 곧장

adult
adult

성인, 어른

world
world

세계

different
different

다른, 차이가 나는

actor
actor

배우

headache
headache

두통

DAY 26 단어를 따라 쓰고, 큰 소리로 읽어 보세요.

roof
roof

지붕

add
add

추가하다

exit
exit

출구

during
during

~동안 (내내)

only
only

오직, 단지

huge
huge

거대한, 막대한

듣고 따라
읽어 보세요.

burn
burn
(불에) 타다

weather
weather
날씨

toothache
toothache
치통

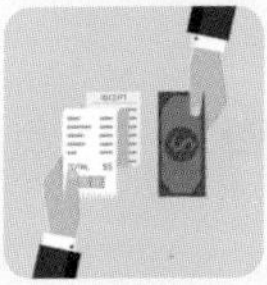

cost
cost
비용, 값

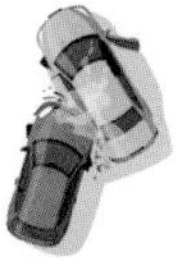

accident
accident
사고

teenager
teenager
십 대

DAY 27 단어를 따라 쓰고, 큰 소리로 읽어 보세요.

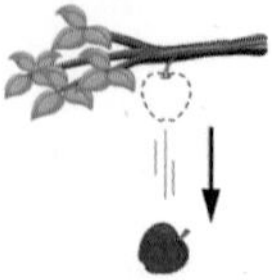

drop

drop

떨어지다

guide

guide

안내인, 가이드

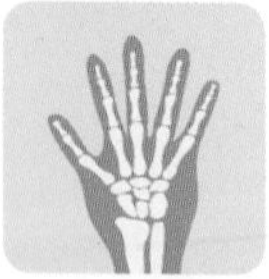

bone

bone

뼈

vacation

vacation

휴가, 방학

collect

collect

모으다, 수집하다

clever

clever

영리한, 똑똑한

듣고 따라
읽어 보세요.

side

side

쪽, 측

agree

agree

동의하다

rich

rich

부유한, 돈 많은

cotton

cotton

면, 면직물

astronaut

astronaut

우주비행사

painting

painting

그림

DAY 28

단어를 따라 쓰고, 큰 소리로 읽어 보세요.

hunt

hunt

사냥하다; 사냥

pond

pond

연못

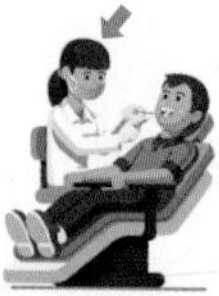

dentist

dentist

치과 의사

error

error

실수, 오류

pay

pay

(돈을) 내다

stomachache

stomachache

복통, 배탈

듣고 따라
읽어 보세요.

customer

customer

손님, 고객

luck

luck

행운, 운

other

other

다른, 그 밖의

bowl

bowl

(움푹한) 그릇, 사발

then

then

(과거·미래의) 그때

dangerous

dangerous

위험한

DAY 29

단어를 따라 쓰고, 큰 소리로 읽어 보세요.

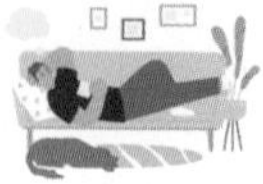

lie

lie

눕다

minute

minute

1. 분 2. 잠깐, 순간

wake

wake

깨(우)다, 일어나다

purple

purple

자주색의; 자주색

gym

gym

체육관

case

case

1. 경우 2. 용기, 통

듣고 따라
읽어 보세요.

wish

wish

원하다, 바라다

each

each

각각의, 각자의

company

company

1. 회사 2. 동료

interest

interest

관심, 흥미

alone

alone

혼자인

humor

humor

유머, 익살스러움

DAY 30 단어를 따라 쓰고, 큰 소리로 읽어 보세요.

save

save

1. 구하다 2. 모으다

earth

earth

지구

college

college

(단과) 대학

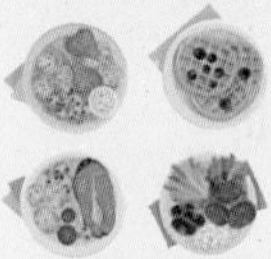

meal

meal

식사, 끼니

double

double

두 배의

active

active

활동적인, 활발한

듣고 따라
읽어 보세요.

recycle
recycle

재활용하다

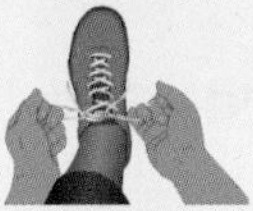

tie
tie

묶다, 매다

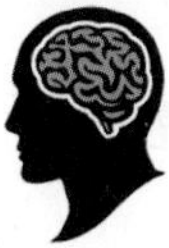

brain
brain

뇌

fog
fog

안개

parade
parade

퍼레이드, 행렬

choice
choice

선택, 고르기

DAY 31

단어를 따라 쓰고, 큰 소리로 읽어 보세요.

area

area

1. 지역 2. 구역

pair

pair

한 쌍[켤레]

wet

wet

젖은, 축축한

step

step

1. (발)걸음 2. 단계

nickname

nickname

별명

welcome

welcome

환영하다, 맞이하다

듣고 따라
읽어 보세요.

mask

mask

1. 마스크 2. 가면

concert

concert

연주회, 콘서트

inside

inside

~의 안에

heaven

heaven

천국

secret

secret

비밀

communicate

communicate

의사소통하다

DAY 32 단어를 따라 쓰고, 큰 소리로 읽어 보세요.

cloth
cloth
옷감, 직물

tour
tour
여행, 관광

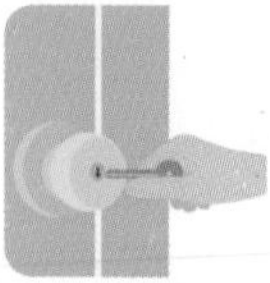

lock
lock
잠기다, 잠그다

off
off
~에서 떨어져

clear
clear
분명한, 명확한

history
history
역사

듣고 따라
읽어 보세요.

share
share

함께 쓰다, 공유하다

bean
bean

콩

cartoon
cartoon

만화 (영화)

serve
serve

내다, 제공하다

price
price

값, 가격

experience
experience

경험; 경험하다

DAY 33 단어를 따라 쓰고, 큰 소리로 읽어 보세요.

joy

joy

기쁨, 즐거움

cave

cave

동굴

wonder

wonder

궁금하다

pants

pants

바지

stand

stand

서다, 서 있다

blank

blank

빈, 공백의; 빈칸

듣고 따라
읽어 보세요.

musician

musician

음악가, 뮤지션

lucky

lucky

행운의

birth

birth

탄생, 출생

plane

plane

비행기

creative

creative

창의적인, 창조적인

focus

focus

집중하다

DAY 34 단어를 따라 쓰고, 큰 소리로 읽어 보세요.

piece

piece

조각, 일부분

ahead

ahead

앞(쪽)으로, 앞에

boot

boot

장화, 부츠

into

into

~ 안[속]으로

battle

battle

전투, 전쟁

weekly

weekly

매주의, 주 1회의

듣고 따라
읽어 보세요.

factory
factory

공장

divide
divide

나누다, 분할하다

fail
fail

실패하다

opinion
opinion

의견, 견해

engine
engine

엔진

national
national

국가의, 전국적인

DAY 35 단어를 따라 쓰고, 큰 소리로 읽어 보세요.

mouse

mouse

쥐, 생쥐

plant

plant

식물

peace

peace

평화

advise

advise

조언하다

online

online

온라인의

shape

shape

모양, 형태

듣고 따라
읽어 보세요.

care

care

1. 신경 쓰다 2. 돌보다

bicycle

bicycle

자전거

discuss

discuss

논의하다

afraid

afraid

무서워하는

language

language

언어, 말

than

than

~보다

DAY 36 단어를 따라 쓰고, 큰 소리로 읽어 보세요.

video
video

영상, 비디오

trash
trash

쓰레기

kill
kill

죽이다

friendly
friendly

친절한, 상냥한

machine
machine

기계

please
please

부디, 제발

듣고 따라
읽어 보세요.

board

board

판자, 널빤지

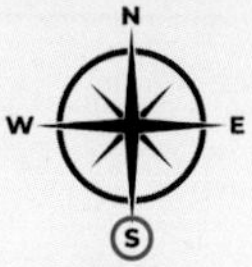

south

south

남쪽; 남쪽의

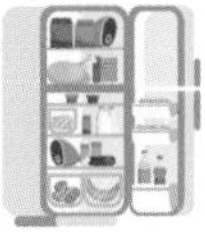

refrigerator

refrigerator

냉장고

forever

forever

영원히

practice

practice

연습하다; 연습

academy

academy

학교, 학원

DAY 37 단어를 따라 쓰고, 큰 소리로 읽어 보세요.

stay
stay

머무르다; 머무름

dolphin
dolphin

돌고래

daily
daily

매일, 날마다

age
age

나이, 연령

shock
shock

충격, 충격적인 일

cafeteria
cafeteria

구내식당

듣고 따라
읽어 보세요.

own

own

자기 자신의

plate

plate

접시

sour

sour

신, 시큼한

onion

onion

양파

useful

useful

유용한, 쓸모 있는

century

century

1. 세기 2. 1세기

DAY 38 단어를 따라 쓰고, 큰 소리로 읽어 보세요.

block

block

덩어리, 블록, 토막

war

war

전쟁

basic

basic

기본적인, 기초적인

connect

connect

연결하다, 잇다

healthy

healthy

건강한

playground

playground

운동장, 놀이터

듣고 따라
읽어 보세요.

over
over

~ 위에[로]

skate
skate

스케이트를 타다

outside
outside

밖에[으로]

invent
invent

발명하다

character
character

성격, 성질

textbook
textbook

교과서

DAY 39 단어를 따라 쓰고, 큰 소리로 읽어 보세요.

corner

corner

구석, 모서리

stress

stress

스트레스, 압박

true

true

1. 사실인 2. 진짜의

dead

dead

죽은

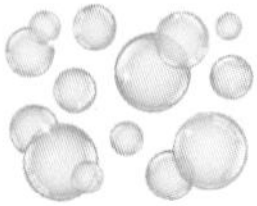

bubble

bubble

거품, 비눗방울

miss

miss

놓치다, 빗나가다

듣고 따라
읽어 보세요.

farmer
farmer

농부

print
print

인쇄하다

solve
solve

(문제를) 풀다

culture
culture

문화

condition
condition

1. 상태 2. 조건

tonight
tonight

오늘 밤에; 오늘 밤

DAY 40 단어를 따라 쓰고, 큰 소리로 읽어 보세요.

toe

toe

발가락

feed

feed

먹이다, 먹이를 주다

beauty

beauty

아름다움, 미

message

message

메시지

dialogue

dialogue

대화

countryside

countryside

시골, 지방

듣고 따라 읽어 보세요.

enemy

enemy

적

celebrate

celebrate

축하하다

certain

certain

확신하는, 틀림없는

adventure

adventure

모험

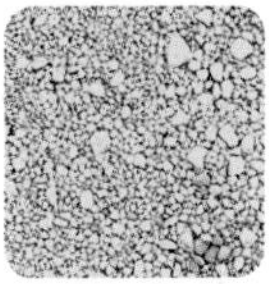

rough

rough

(표면이) 거친

point

point

요점, 핵심

MEMO

MEMO

MEMO

· 초등 교과서 필수 어휘 40일 완성 ·

주니어 능률 VOCA

STARTER 2

구성과 특징

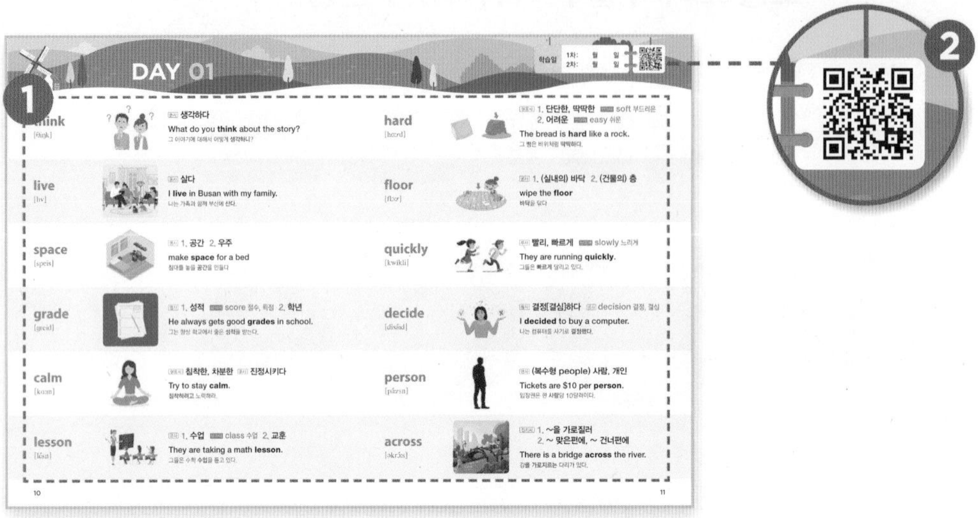

❶ 교육부 지정 초등 필수 어휘 및 초등 교과서 다빈출 어휘를 반영한 480개의 표제어를 각 DAY별로 12개씩 학습하도록 제시
어휘 뜻, 이해를 돕기 위한 생생한 이미지, 발음기호, 품사, 실용적인 예문 제시
함께 학습하면 좋을 유의어·반의어·참고 어휘 수록

❷ 각 DAY별 어휘의 발음과 뜻, 예문을 바로 들을 수 있는 QR코드 삽입

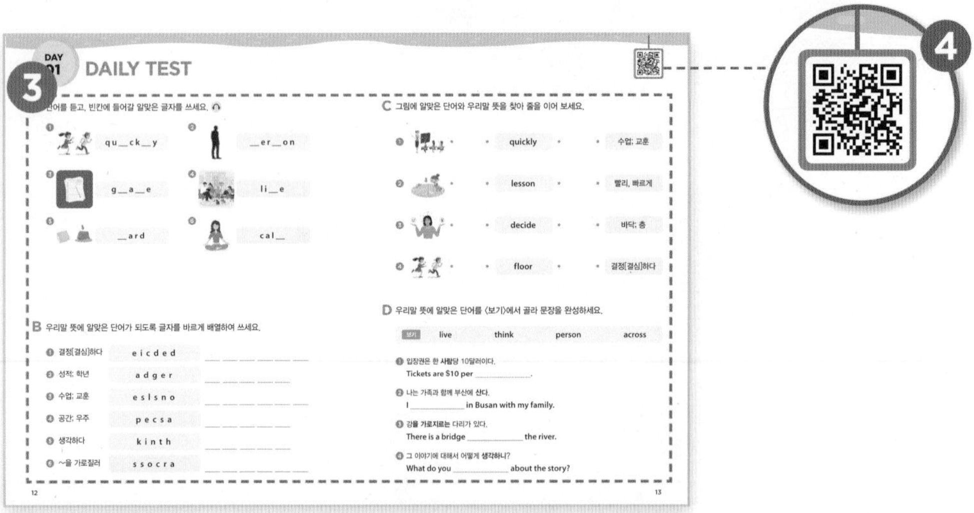

❸ 각 DAY별로 학습한 이미지, 스펠링, 뜻, 예문에서의 쓰임 등을 확인하는 다양한 문제를 풀어보며 학습한 어휘를 점검할 수 있는 DAILY TEST 수록

❹ 듣기와 결합한 문제인 DAILY TEST - A의 어휘를 바로 들을 수 있는 QR코드 삽입

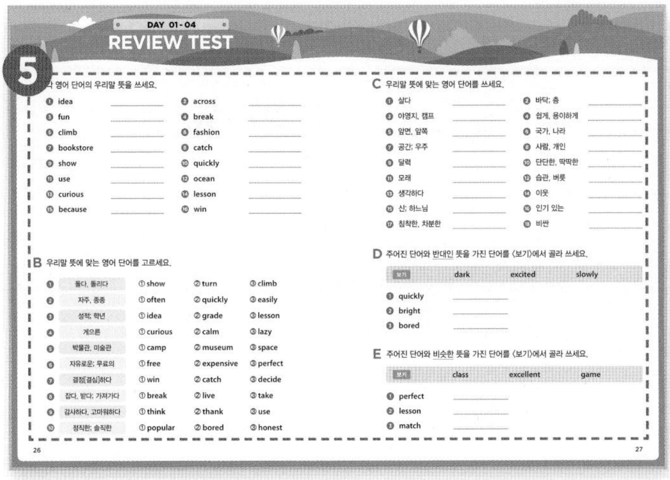
DAY 01-04
REVIEW TEST
5

A 각 영어 단어의 우리말 뜻을 쓰세요.

1 idea		2 across	
3 fun		4 break	
5 climb		6 fashion	
7 bookstore		8 catch	
9 show		10 quickly	
11 use		12 ocean	
13 curious		14 lesson	
15 because		16 win	

B 우리말 뜻에 맞는 영어 단어를 고르세요.

1	돌다, 돌리다	① show	② turn	③ climb
2	자주, 종종	① often	② quickly	③ easily
3	성적; 학년	① idea	② grade	③ lesson
4	게으른	① curious	② calm	③ lazy
5	박물관, 미술관	① camp	② museum	③ space
6	자유로운; 무료의	① free	② expensive	③ perfect
7	결정[결심]하다	① win	② catch	③ decide
8	잡다, 받다; 가져가다	① break	② live	③ take
9	감사하다, 고마워하다	① think	② thank	③ use
10	정직한; 솔직한	① popular	② bored	③ honest

C 우리말 뜻에 맞는 영어 단어를 쓰세요.

1 살다		2 바닥; 층	
3 야영지, 캠프		4 쉽게, 용이하게	
5 앞면, 앞쪽		6 국가, 나라	
7 공간; 우주		8 사람, 개인	
9 달력		10 단단한, 딱딱한	
11 모래		12 습관, 버릇	
13 생각하다		14 이웃	
15 신; 하느님		16 인기 있는	
17 침착한, 차분한		18 비싼	

D 주어진 단어와 반대인 뜻을 가진 단어를 〈보기〉에서 골라 쓰세요.

보기 dark excited slowly

1 quickly
2 bright
3 bored

E 주어진 단어와 비슷한 뜻을 가진 단어를 〈보기〉에서 골라 쓰세요.

보기 class excellent game

1 perfect
2 lesson
3 match

26 27

5 4개 DAY마다 뜻과 스펠링, 유의어·반의어 문제를 풀어보며 누적된 어휘를 반복 확인할 수 있는 REVIEW TEST 수록

6 전면 일러스트를 통해 추가적으로 주제별 어휘를 흥미롭게 학습할 수 있는 페이지 수록

DAY 01 단어를 따라 쓰고, 큰 소리로 읽어 보세요.
듣고 따라 읽어 보세요.
7

think	생각하다	hard	단단한, 딱딱한
live	살다	floor	1. 바닥 2. 층
space	1. 공간 2. 우주	quickly	빨리, 빠르게
grade	1. 성적 2. 학년	decide	결정[결심]하다
calm	침착한, 차분한	person	사람, 개인
lesson	1. 수업 2. 교훈	across	~을 가로질러

2 3

7 간편히 휴대하며 이미지와 함께 DAY별 어휘를 학습할 수 있는 어휘 암기장 제공

8 어휘 암기장의 어휘를 바로 들을 수 있는 QR코드 삽입

목차

학습 플랜

각 DAY별로 학습할 날짜를 계획하여 써 보거나 학습한 날짜를 적어 보세요.
학습 계획표 또는 진도표를 써 나가며 나만의 학습을 완성해 봅시다.

DAY	01	02	03	04	01-04	05	06	07	08	05-08
1차 학습일										
2차 학습일										

DAY	09	10	11	12	09-12	13	14	15	16	13-16
1차 학습일										
2차 학습일										

DAY	17	18	19	20	17-20	21	22	23	24	21-24
1차 학습일										
2차 학습일										

DAY	25	26	27	28	25-28	29	30	31	32	29-32
1차 학습일										
2차 학습일										

DAY	33	34	35	36	33-36	37	38	39	40	37-40
1차 학습일										
2차 학습일										

어휘 학습 TIP

주니어 능률 VOCA STARTER로 야무지게 어휘 학습하기!

STEP 1

1. 학습할 DAY의 어휘를 미리 훑어보며 학습 내용을 파악합니다.
2. 페이지 위쪽의 QR코드를 스캔하여 어휘의 정확한 발음을 듣고 따라 읽습니다.
3. 이미지와 예문을 보며 어휘를 암기합니다.
4. DAILY TEST를 풀며 학습한 어휘를 확인합니다.

STEP 2

1. 다음 DAY 어휘를 학습하기 전, 이전 DAY의 어휘를 복습합니다.
2. 다음 DAY 어휘를 학습합니다.

STEP 3

1. 4개 DAY의 어휘를 다시 보며 복습합니다.
2. REVIEW TEST를 풀며 누적 학습으로 어휘를 다시 점검합니다.

발음기호와 품사

발음기호

발음기호는 영어의 소리를 표시하는 기호를 말합니다. 알파벳 하나가 여러 소리를 가지고 있기도 하기 때문에 발음기호를 알고 있으면 정확한 발음을 낼 수 있습니다.

자음

1 유성자음: 발음할 때 목이 떨리는 자음

혀가 입 천장에 닿지 않아요. ([r])

발음기호	[b]	[d]	[m]	[n]	[r]	[l]	[z]	[ʒ]
비슷한 우리말 소리	ㅂ	ㄷ	ㅁ	ㄴ	ㄹ	ㄹ	ㅈ	쥐
발음기호	[dʒ]	[ð]	[g]	[v]	[h]	[ŋ]	[j]	[w]
비슷한 우리말 소리	(짧게) 즈, 쥐	드	ㄱ	ㅂ	ㅎ	응	이	우

이 사이로 혀끝을 내밀어요. ([ð]) 윗니가 아랫입술에 닿아요. ([v]) 받침으로 발음해요. ([ŋ])

예: judge [dʒʌdʒ] bathe [beið] morning [mɔ́:rniŋ]

2 무성자음: 발음할 때 목이 떨리지 않는 자음

발음기호	[p]	[f]	[θ]	[s]	[ʃ]	[k]	[t]	[tʃ]
비슷한 우리말 소리	ㅍ	ㅍ/ㅎ	쓰	ㅅ	쉬	ㅋ	ㅌ	(짧게) 츠, 취

윗니가 아랫입술에 닿아요. ([f]) 이 사이로 혀끝을 내밀어요. ([θ])

예: pocket [pákit] touch [tʌtʃ] kick [kik]

모음

1 단모음: 짧게 소리내는 모음

오와 어의 중간 소리예요. ([ɔ])

발음기호	[a]	[e]	[i]	[u]	[æ]	[ʌ]	[ɔ]	[ə]	[ɛ]
비슷한 우리말 소리	아	에	이	우	애	(강하게) 어	오, 어	어	에

예: cat [kæt] sell [sel] luck [lʌk]

2 장모음: 길게 소리내는 모음 (ː 표시는 소리를 길게 내라는 장음 표시입니다.)

발음기호	[aː]	[iː]	[əː]	[uː]	[ɔː]
비슷한 우리말 소리	아-	이-	어-	우-	오-

예: eat [iːt] room [ruːm] peace [piːs]

3 이중모음: 한 음절을 이루는 연속되는 두 개의 서로 다른 모음

발음기호	[ai]	[au]	[ei]	[ɔi]	[ɛə]	[iə]	[uə]
비슷한 우리말 소리	아이	아우	에이	오이	에어	이어	우어

예: high [hai] mountain [máuntən] diary [dáiəri]

품사

영어 단어에는 명사, 대명사, 동사, 형용사, 부사, 전치사, 접속사, 감탄사가 있습니다.

1 명사 사람, 동물, 사물, 장소 등의 이름을 나타내는 말
예: Jane(제인), man(남자), dog(개), bag(가방), bus(버스), Korea(한국)

2 대명사 명사를 대신하는 말
예: I(나), you(너), we(우리), he(그 남자), she(그 여자), it(그것), this(이것)

3 동사 동작이나 상태를 나타내는 말
예: go(가다), see(보다), tell(말하다), be(~이다), have(가지다)

4 형용사 상태, 성질, 모양, 크기, 수량 등을 나타내는 말
예: good(좋은), easy(쉬운), big(큰), funny(재미있는)

5 부사 시간, 장소, 방법, 정도, 빈도 등을 나타내는 말
예: now(지금), here(여기에), quietly(조용하게), always(언제나)

6 전치사 명사나 대명사 앞에 쓰여 시간, 장소, 목적 등을 나타내는 말
예: on(~위에), in(~안에), from(~부터), for(~을 위한)

7 접속사 단어와 단어, 문장과 문장을 이어주는 말
예: and(그리고), but(그러나), or(또는)

8 감탄사 기쁨, 슬픔, 놀람 등의 감정을 나타내는 말
예: Oh(오), Wow(우와), Oops(이크), Hooray(만세)

DAY 01

think
[θiŋk]

동사 **생각하다**

What do you **think** about the story?
그 이야기에 대해서 어떻게 **생각하니**?

live
[liv]

동사 **살다**

I **live** in Busan with my family.
나는 가족과 함께 부산에 **산다**.

space
[speis]

명사 1. **공간** 2. **우주**

make **space** for a bed
침대를 놓을 **공간**을 만들다

grade
[greid]

명사 1. **성적** 유의어 score 점수, 득점 2. **학년**

He always gets good **grades** in school.
그는 항상 학교에서 좋은 **성적**을 받는다.

calm
[kɑːm]

형용사 **침착한, 차분한** 동사 **진정시키다**

Try to stay **calm**.
침착하려고 노력해라.

lesson
[lésn]

명사 1. **수업** 유의어 class 수업 2. **교훈**

They are taking a math **lesson**.
그들은 수학 **수업**을 듣고 있다.

학습일	1차: 월 일
	2차: 월 일

hard
[hɑːrd]

형용사 1. 단단한, 딱딱한 반의어 soft 부드러운
2. 어려운 반의어 easy 쉬운

The bread is **hard** like a rock.
그 빵은 바위처럼 **딱딱하다.**

floor
[flɔːr]

명사 1. (실내의) 바닥 2. (건물의) 층

wipe the **floor**
바닥을 닦다

quickly
[kwíkli]

부사 빨리, 빠르게 반의어 slowly 느리게

They are running **quickly.**
그들은 **빠르게** 달리고 있다.

decide
[disáid]

동사 결정[결심]하다 명사 decision 결정, 결심

I **decided** to buy a computer.
나는 컴퓨터를 사기로 **결정했다.**

person
[pə́ːrsn]

명사 (복수형 people) 사람, 개인

Tickets are $10 per **person.**
입장권은 한 **사람**당 10달러이다.

across
[əkrɔ́ːs]

전치사 1. ~을 가로질러
2. ~ 맞은편에, ~ 건너편에

There is a bridge **across** the river.
강을 **가로지르는** 다리가 있다.

DAY 01

DAILY TEST

A 단어를 듣고, 빈칸에 들어갈 알맞은 글자를 쓰세요.

❶  qu__ck__y

❷  __er__on

❸  g__a__e

❹  li__e

❺  __ard

❻  cal__

B 우리말 뜻에 알맞은 단어가 되도록 글자를 바르게 배열하여 쓰세요.

❶ 결정[결심]하다 e i c d e d ___ ___ ___ ___ ___ ___

❷ 성적; 학년 a d g e r ___ ___ ___ ___ ___

❸ 수업; 교훈 e s l s n o ___ ___ ___ ___ ___ ___

❹ 공간; 우주 p e c s a ___ ___ ___ ___ ___

❺ 생각하다 k i n t h ___ ___ ___ ___ ___

❻ ~을 가로질러 s s o c r a ___ ___ ___ ___ ___ ___

C 그림에 알맞은 단어와 우리말 뜻을 찾아 줄을 이어 보세요.

❶		quickly	수업; 교훈
❷		lesson	빨리, 빠르게
❸		decide	바닥; 층
❹		floor	결정[결심]하다

D 우리말 뜻에 알맞은 단어를 〈보기〉에서 골라 문장을 완성하세요.

보기	live	think	person	across

❶ 입장권은 한 **사람**당 10달러이다.

Tickets are $10 per ______________.

❷ 나는 가족과 함께 부산에 **산다**.

I ______________ in Busan with my family.

❸ 강을 **가로지르는** 다리가 있다.

There is a bridge ______________ the river.

❹ 그 이야기에 대해서 어떻게 **생각하니**?

What do you ______________ about the story?

DAY 02

use
[juːz]

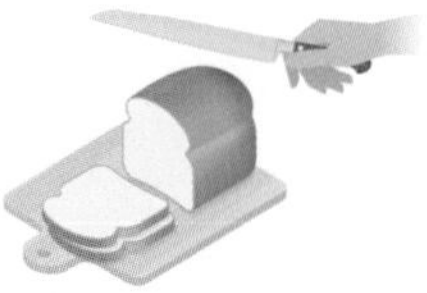

동사 **쓰다, 사용하다** 명사 **사용, 이용**
형용사 **useful** 유용한, 쓸모 있는

use a knife to cut bread
빵을 자르기 위해 칼을 **사용하다**

lazy
[léizi]

형용사 **게으른**

The **lazy** man is still sleeping.
게으른 남자가 아직도 잠을 자고 있다.

free
[friː]

형용사 1. **자유로운** 2. **무료의**

The bird is **free** now.
그 새는 이제 **자유롭다**.

habit
[hǽbit]

명사 **습관, 버릇**

He has bad eating **habits**.
그는 나쁜 식**습관**을 가지고 있다.

turn
[təːrn]

동사 **돌다, 돌리다** 명사 **순서, 차례**

turn the door handle
문고리를 **돌리다**

calendar
[kǽləndər]

명사 **달력**

a **calendar** for 2024
2024년도 **달력**

학습일 1차: 월 일
2차: 월 일

often
[ɔ́ːfən]

부사 **자주, 종종**

She **often** drinks milk.
그녀는 **자주** 우유를 마신다.

bright
[brait]

형용사 **밝은, 빛나는** 반의어 dark 어두운, 캄캄한

The sunlight is very **bright** today.
오늘 햇빛은 매우 **밝다**.

take
[teik]

동사 1. **잡다, 받다** 2. **가져가다, 데려가다**

Let me **take** your jacket.
내가 재킷을 **받아** 줄게.

perfect
[pə́ːrfikt]

형용사 1. **완벽한** 유의어 excellent 훌륭한
2. **가장 알맞은, 딱 맞는**

I got a **perfect** score on the test.
나는 시험에서 **완벽한** 점수를 받았다.

museum
[mjuːzíːəm]

명사 **박물관, 미술관**

Our city has a popular **museum**.
우리 도시에는 인기 있는 **박물관**이 있다.

country
[kʌ́ntri]

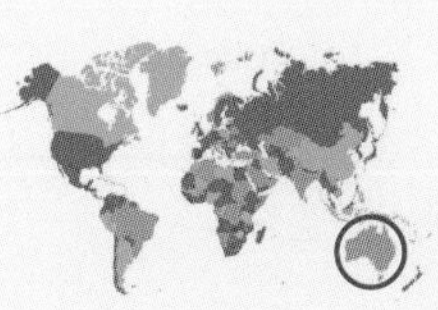

명사 1. **국가, 나라** 2. **시골**

What is the largest **country** in Asia?
아시아에서 가장 큰 **나라**는 어디인가요?

DAY 02

DAILY TEST

A 들려주는 순서대로 일치하는 그림에 번호를 쓰고, 알맞은 단어와 이어 보세요.

country　　calendar　　turn　　bright

B 우리말 뜻에 알맞은 단어가 되도록 글자를 바르게 배열하여 쓰세요.

❶ 게으른　z l y a　__ __ __ __

❷ 자유로운; 무료의　e f e r　__ __ __ __

❸ 습관, 버릇　b t h a i　__ __ __ __ __

❹ 쓰다, 사용하다　s u e　__ __ __

❺ 잡다, 받다　t k a e　__ __ __ __

❻ 완벽한　t e r p e c f　__ __ __ __ __ __ __

C 그림에 알맞은 단어를 쓰고 퍼즐에서 찾아 동그라미 하세요.

1 

____

2 

____

3 

____

4 

____

f	c	n	e	j	m
t	r	t	l	s	u
q	a	e	i	x	s
o	f	t	e	n	e
l	u	b	s	c	u
t	u	r	n	u	m

D 우리말 뜻에 알맞은 단어를 〈보기〉에서 골라 문장을 완성하세요.

보기 | country | bright | museum | take

1 내가 재킷을 **받아** 줄게.
Let me ______________ your jacket.

2 아시아에서 가장 큰 **나라**는 어디인가요?
What is the largest ______________ in Asia?

3 오늘 햇빛은 매우 **밝다.**
The sunlight is very ______________ today.

4 우리 도시에는 인기 있는 **박물관**이 있다.
Our city has a popular ______________.

DAY 03

fun
[fʌn]

명사 **재미, 즐거움** 형용사 **재미있는, 즐거운**

We had a lot of **fun** together.
우리는 함께 아주 **재미**있게 지냈다.

idea
[aidíːə]

명사 **1. 생각, 아이디어 2. 지식, 이해**

I have a good **idea.**
나한테 좋은 **생각**이 있어.

show
[ʃou]

동사 **보여주다** 명사 **공연, 쇼**

Please **show** your ticket.
티켓을 **보여주세요.**

bored
[bɔːrd]

형용사 **지루해하는** 형용사 boring 지루한
반의어 excited 신이 난, 들뜬

The man was **bored** with the game.
남자는 그 게임을 **지루해했다.**

thank
[θæŋk]

동사 **감사하다, 고마워하다**

Thank you for your gift.
선물 **감사합니다.**

sand
[sænd]

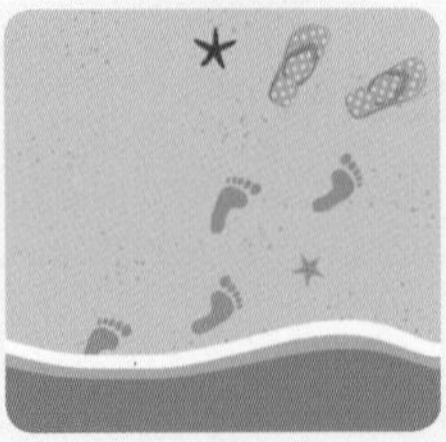

명사 **모래**

I have **sand** in my shoe.
내 신발에 **모래**가 들어갔다.

학습일 1차: 월 일
2차: 월 일

curious
[kjúəriəs]

형용사 **궁금한, 호기심이 많은**

I'm **curious** about space.
나는 우주가 **궁금하다**.

bookstore
[búkstɔ̀ːr]

명사 **서점, 책방**

I like spending time at a **bookstore**.
나는 **서점**에서 시간을 보내는 것을 좋아한다.

fashion
[fǽʃən]

명사 1. **유행** 2. **패션, 의류업**

Long skirts are in **fashion**.
긴 치마가 **유행**이다.

참고 out of fashion 유행이 지난

catch
[kætʃ]

동사 **(붙)잡다**

The player tried to **catch** the ball.
그 선수는 공을 **잡으려고** 했다.

easily
[íːzəli]

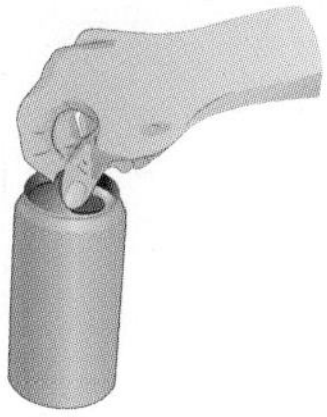

부사 **쉽게, 용이하게** 유의어 simply 간단하게

He opened the can very **easily**.
그는 캔을 매우 **쉽게** 열었다.

front
[frʌnt]

명사 **앞면, 앞쪽** 형용사 **앞쪽의**
반의어 back 뒤쪽; 뒤쪽의

The shirt has a picture on the **front**.
그 셔츠는 **앞면**에 그림이 있다.

DAY 03 DAILY TEST

A 단어를 듣고, 빈칸에 들어갈 알맞은 글자를 쓰세요.

❶ 
t _ an _

❷ 

b _ _ ksto _ e

❸ 
_ _ ea

❹ 
bo _ e _

❺ 
fr _ nt

❻ 
fa _ _ ion

B 우리말 뜻에 알맞은 단어가 되도록 글자를 바르게 배열하여 쓰세요.

❶ 보여주다; 공연 — h s w o — _ _ _ _

❷ 지루해하는 — r b d o e — _ _ _ _ _

❸ 쉽게, 용이하게 — e s i a y l — _ _ _ _ _ _

❹ 궁금한 — u c r s o u i — _ _ _ _ _ _ _

❺ 재미, 즐거움 — n f u — _ _ _

❻ 감사하다 — t a h n k — _ _ _ _ _

C 그림에 알맞은 단어와 우리말 뜻을 찾아 줄을 이어 보세요.

①	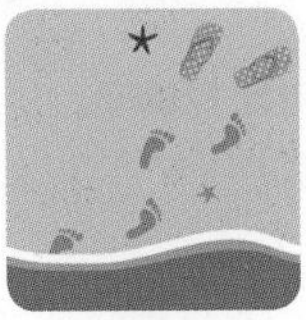	fun	궁금한
②		catch	재미, 즐거움
③		curious	모래
④		sand	(붙)잡다

D 우리말 뜻에 알맞은 단어를 〈보기〉에서 골라 문장을 완성하세요.

보기 show bookstore catch easily

① 티켓을 **보여주세요.**

Please ______________ your ticket.

② 그는 캔을 매우 **쉽게** 열었다.

He opened the can very ______________.

③ 나는 **서점**에서 시간을 보내는 것을 좋아한다.

I like spending time at a ______________.

④ 그 선수는 공을 **잡으려고** 했다.

The player tried to ______________ the ball.

DAY 04

win
[win]

동사 1. 이기다 반의어 lose 지다
2. 획득하다, 따다

I really want to **win** this race.
나는 이 경주에서 정말로 **이기고** 싶다.

ocean
[óuʃən]

명사 1. 바다 유의어 sea 바다 2. 대양

She dived into the **ocean.**
그녀는 **바다**에 뛰어들었다.

honest
[ánist]

형용사 1. 정직한 2. 솔직한
명사 honesty 정직; 솔직함

Noah is an **honest** boy.
노아는 **정직한** 소년이다.

climb
[klaim]

동사 오르다, 등반하다

climb up a mountain
산을 **오르다**

neighbor
[néibər]

명사 이웃

I said hello to my new **neighbor.**
나는 새로운 **이웃**에게 인사했다.

god
[gad]

명사 1. 신 2. 하느님

Poseidon is the **god** of the sea.
포세이돈은 바다의 **신**이다.
참고 goddess 여신

학습일 1차: 월 일
2차: 월 일

because
[bikɔ́ːz]

접속사 ~ 때문에, 왜냐하면

I didn't go out **because** it was raining.

비가 오고 있었기 **때문에** 나는 밖에 나가지 않았다.

break
[breik]

동사 1. 깨다, 부서지다 2. 고장 나다

Did you **break** the vase?

네가 꽃병을 **깼니**?

match
[mætʃ]

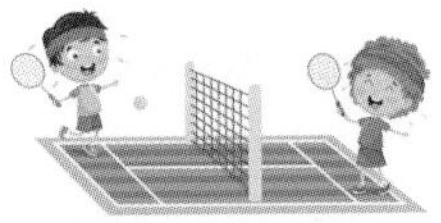

명사 1. 경기, 시합 유의어 game 경기, 시합
2. 성냥

We had a tennis **match**.

우리는 테니스 **경기**를 했다.

expensive
[ikspénsiv]

형용사 비싼, 돈이 많이 드는 반의어 cheap 값싼

This shirt is too **expensive**.

이 셔츠는 너무 **비싸다**.

camp
[kæmp]

명사 야영지, 캠프 동사 야영[캠핑]하다

I went to summer **camp** last year.

나는 작년에 여름 **캠프**에 갔다.

popular
[pɑ́pjulər]

형용사 인기 있는 명사 popularity 인기

He is a **popular** singer.

그는 **인기 있는** 가수이다.

DAY 04 DAILY TEST

A 들려주는 순서대로 일치하는 그림에 번호를 쓰고, 알맞은 단어와 이어 보세요.

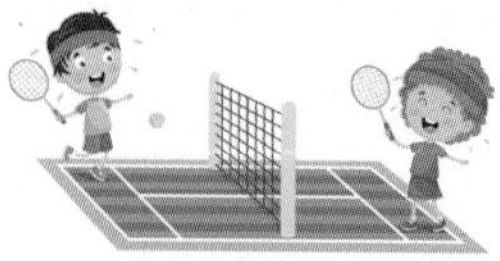

match	expensive	popular	neighbor

B 우리말 뜻에 알맞은 단어가 되도록 글자를 바르게 배열하여 쓰세요.

❶ 오르다, 등반하다 l m c b i _ _ _ _ _

❷ 이기다; 획득하다 n i w _ _ _

❸ 정직한; 솔직한 n e h s o t _ _ _ _ _ _

❹ 신; 하느님 d g o _ _ _

❺ 경기, 시합 m t a h c _ _ _ _ _

❻ ~ 때문에, 왜냐하면 e b a c u e s _ _ _ _ _ _ _

C 그림에 알맞은 단어를 쓰고 퍼즐에서 찾아 동그라미 하세요.

❶  ________

❷  ________

❸  ________

❹  ________

f	q	p	o	k	k
w	i	n	c	a	d
a	j	c	e	u	c
f	i	r	a	b	i
d	b	k	n	m	l
o	m	o	n	y	p

D 우리말 뜻에 알맞은 단어를 〈보기〉에서 골라 문장을 완성하세요.

보기 because popular expensive break

❶ 그는 **인기 있는** 가수이다.
He is a ________ singer.

❷ 이 셔츠는 너무 **비싸다.**
This shirt is too ________.

❸ 네가 꽃병을 **깼니?**
Did you ________ the vase?

❹ 비가 오고 있었기 **때문에** 나는 밖에 나가지 않았다.
I didn't go out ________ it was raining.

REVIEW TEST

A 각 영어 단어의 우리말 뜻을 쓰세요.

1 idea	______	2 across	______
3 fun	______	4 break	______
5 climb	______	6 fashion	______
7 bookstore	______	8 catch	______
9 show	______	10 quickly	______
11 use	______	12 ocean	______
13 curious	______	14 lesson	______
15 because	______	16 win	______

B 우리말 뜻에 맞는 영어 단어를 고르세요.

1	돌다, 돌리다	① show	② turn	③ climb
2	자주, 종종	① often	② quickly	③ easily
3	성적; 학년	① idea	② grade	③ lesson
4	게으른	① curious	② calm	③ lazy
5	박물관, 미술관	① camp	② museum	③ space
6	자유로운; 무료의	① free	② expensive	③ perfect
7	결정[결심]하다	① win	② catch	③ decide
8	잡다, 받다; 가져가다	① break	② live	③ take
9	감사하다, 고마워하다	① think	② thank	③ use
10	정직한; 솔직한	① popular	② bored	③ honest

C 우리말 뜻에 맞는 영어 단어를 쓰세요.

1. 살다 __________
2. 바닥; 층 __________
3. 야영지, 캠프 __________
4. 쉽게, 용이하게 __________
5. 앞면, 앞쪽 __________
6. 국가, 나라 __________
7. 공간; 우주 __________
8. 사람, 개인 __________
9. 달력 __________
10. 단단한, 딱딱한 __________
11. 모래 __________
12. 습관, 버릇 __________
13. 생각하다 __________
14. 이웃 __________
15. 신; 하느님 __________
16. 인기 있는 __________
17. 침착한, 차분한 __________
18. 비싼 __________

D 주어진 단어와 반대인 뜻을 가진 단어를 〈보기〉에서 골라 쓰세요.

보기	dark	excited	slowly

1. quickly __________
2. bright __________
3. bored __________

E 주어진 단어와 비슷한 뜻을 가진 단어를 〈보기〉에서 골라 쓰세요.

보기	class	excellent	game

1. perfect __________
2. lesson __________
3. match __________

DAY 05

wear
[wɛər]

동사 입고[신고, 쓰고, 끼고] 있다

I have to **wear** a school uniform.
나는 교복을 **입어야** 한다.
참고 put on ~을 입다

bill
[bil]

명사 1. 고지서, 청구서, 계산서 2. 지폐

She paid the water **bill**.
그녀는 수도 **고지서** 요금을 지불했다.
참고 coin 동전

cry
[krai]

동사 1. 울다 2. 외치다 유의어 shout 소리치다

The girl fell over and started to **cry**.
여자아이는 넘어져서 **울기** 시작했다.

island
[áilənd]

명사 섬

Jeju is a beautiful **island**.
제주도는 아름다운 **섬**이다.

address
[ədrés]

명사 주소

What is your **address**?
주소가 어떻게 되세요?

hundred
[hʌ́ndrəd]

명사 100, 백

five **hundred**
500, 오백
참고 thousand 1000, 천

학습일	1차: 월 일
	2차: 월 일

funny
[fʌ́ni]

형용사 **우스운, 재미있는** 명사 fun 재미, 즐거움

tell a **funny** joke
우스운 농담을 하다

fat
[fæt]

형용사 **뚱뚱한, 살찐** 반의어 thin 마른 명사 **지방**

My cat is **fat** because he eats a lot.
우리 고양이는 많이 먹어서 **뚱뚱하다**.

sell
[sel]

동사 1. **팔다** 반의어 buy 사다 2. **팔리다**

He will **sell** his old car.
그는 자신의 오래된 차를 **팔** 것이다.

around
[əráund]

전치사 **~ 주위에, ~을 둘러싸고**

They sat **around** the fire.
그들은 불 **주위에** 둘러앉았다.

plan
[plæn]

명사 **계획** 동사 **계획하다**

Let's make a **plan** for our vacation.
우리 휴가 **계획**을 세우자.

engineer
[èndʒiníə*r*]

명사 **기사, 기술자, 엔지니어**

The **engineer** designed the robot.
엔지니어가 그 로봇을 설계했다.

DAY 05 DAILY TEST

A 단어를 듣고, 빈칸에 들어갈 알맞은 글자를 쓰세요.

❶  c __ y

❷  fu __ __ y

❸  fa __

❹  a __ dres __

❺  hun __ r __ d

❻  __ e __ l

B 우리말 뜻에 알맞은 단어가 되도록 글자를 바르게 배열하여 쓰세요.

❶ 섬	d n i a s l	__ __ __ __ __ __
❷ 입고 있다	a w r e	__ __ __ __
❸ 계획; 계획하다	a p l n	__ __ __ __
❹ ~ 주위에	o d a u r n	__ __ __ __ __ __
❺ 고지서, 청구서	l b l i	__ __ __ __
❻ 팔다; 팔리다	l l s e	__ __ __ __

C 그림에 알맞은 단어와 우리말 뜻을 찾아 줄을 이어 보세요.

❶		bill	울다; 외치다
❷		engineer	섬
❸		island	고지서, 청구서
❹		cry	기사, 기술자

D 우리말 뜻에 알맞은 단어를 〈보기〉에서 골라 문장을 완성하세요.

보기	address	wear	around	fat

❶ **주소**가 어떻게 되세요?
What is your ______________?

❷ 그들은 불 **주위에** 둘러앉았다.
They sat ______________ the fire.

❸ 나는 교복을 **입어야** 한다.
I have to ______________ a school uniform.

❹ 우리 고양이는 많이 먹어서 **뚱뚱하다**.
My cat is ______________ because he eats a lot.

DAY 06

sit
[sit]

동사 **앉다** 반의어 stand 서다, 서 있다

Please **sit** down on the chair.
의자에 **앉아** 주세요.

cash
[kæʃ]

명사 **현금, 현찰** 명사 cashier 계산원, 출납원

Will you pay in **cash**?
현금으로 계산하실 건가요?

lovely
[lʌ́vli]

형용사 **사랑스러운, 귀여운**

Look at this **lovely** puppy.
이 **사랑스러운** 강아지를 봐.

create
[kriéit]

동사 **창조하다, 만들다** 유의어 make 만들다

The company **created** a new website.
그 회사는 새 웹사이트를 **만들었다**.

scary
[skέəri]

형용사 **무서운, 겁나는** 형용사 scared 무서워하는

The ghost looks very **scary**.
그 유령은 매우 **무서워** 보인다.

theater
[θíːətər]

명사 **극장**

go to the **theater**
극장에 가다

borrow
[bάrou]

동사 **빌리다**

Can I **borrow** your book?
네 책을 **빌릴** 수 있을까?
참고 lend 빌려주다

mistake
[mistéik]

명사 **실수, 잘못** 유의어 error 실수, 오류

make a **mistake**
실수를 하다

forest
[fɔ́:rist]

명사 **숲, 삼림**

Wild animals live in the **forest.**
야생동물은 **숲**속에 산다.

without
[wiðáut]

전치사 **~ 없이**

I can't read books **without** my glasses.
나는 안경 **없이** 책을 읽을 수 없다.

memory
[méməri]

명사 1. **기억(력)** 2. **추억**

I have a good **memory.**
나는 **기억력**이 좋다.

bug
[bʌg]

명사 **벌레, 곤충** 유의어 insect 벌레, 곤충

A **bug** bit my arm.
벌레가 내 팔을 물었다.

DAY 06

DAILY TEST

A 들려주는 순서대로 일치하는 그림에 번호를 쓰고, 알맞은 단어와 이어 보세요.

lovely	theater	borrow	scary

B 우리말 뜻에 알맞은 단어가 되도록 글자를 바르게 배열하여 쓰세요.

❶ 숲, 삼림 　 t r e s f o 　 ___ ___ ___ ___ ___ ___

❷ 창조하다 　 t a c e r e 　 ___ ___ ___ ___ ___ ___

❸ 기억(력); 추억 　 o m m r e y 　 ___ ___ ___ ___ ___ ___

❹ 현금, 현찰 　 c h a s 　 ___ ___ ___ ___

❺ 실수, 잘못 　 m s e k a t i 　 ___ ___ ___ ___ ___ ___ ___

❻ ~ 없이 　 t h i u w t o 　 ___ ___ ___ ___ ___ ___ ___

C 그림에 알맞은 단어를 쓰고 퍼즐에서 찾아 동그라미 하세요.

❶ 

____

❷ 

____

❸ 

____

❹ 

____

f	c	b	f	i	c
o	r	a	l	h	r
r	l	h	s	g	j
e	l	j	u	h	a
s	a	b	z	q	t
t	t	h	s	i	t

D 우리말 뜻에 알맞은 단어를 〈보기〉에서 골라 문장을 완성하세요.

보기 borrow lovely sit without

❶ 이 **사랑스러운** 강아지를 봐.
Look at this ________ puppy.

❷ 네 책을 **빌릴** 수 있을까?
Can I ________ your book?

❸ 나는 안경 **없이** 책을 읽을 수 없다.
I can't read books ________ my glasses.

❹ 의자에 **앉아** 주세요.
Please ________ down on the chair.

DAY 07

hear
[hiər]

동사 (들리는 소리를) 듣다, 들리다

I can't **hear** you. Please speak up.

목소리가 안 **들려요**. 더 크게 말씀해 주세요.

참고 listen (귀 기울여) 듣다

cage
[keidʒ]

명사 우리, 새장

There is a bird in the **cage**.

새장 안에 새가 있다.

past
[pæst]

형용사 1. 과거의, 지나간 2. (바로) 지난

명사 과거

We should learn from **past** mistakes.

우리는 **과거의** 실수로부터 배워야 한다.

brush
[brʌʃ]

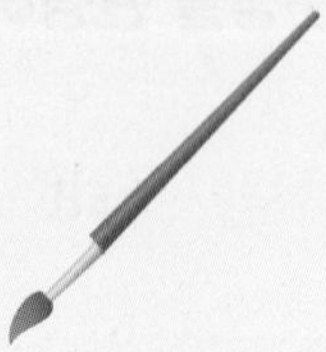

명사 붓, 솔, 빗 동사 솔[빗]질하다, 닦다

He is painting with a **brush**.

그는 **붓**으로 그림을 그리고 있다.

try
[trai]

동사 1. 노력하다 2. 시도하다

I **try** to exercise every day.

나는 매일 운동하려고 **노력한다**.

next
[nekst]

형용사 다음의 부사 다음에, 다음으로

go to the **next** level

다음 단계로 가다

학습일 1차: 월 일
2차: 월 일

beach
[biːtʃ]

명사 **해변, 바닷가**

The hotel is near the **beach.**
그 호텔은 **해변** 근처에 있다.

tail
[teil]

명사 **꼬리**

A peacock has a beautiful **tail.**
공작은 아름다운 **꼬리**를 갖고 있다.

early
[ə́ːrli]

부사 **일찍, 빨리** 형용사 **이른, 빠른**
반의어 late 늦게; 늦은

The plane arrived ten minutes **early.**
비행기가 10분 **일찍** 도착했다.

example
[igzǽmpl]

명사 **예(시), 사례, 보기**

A banana is an **example** of a fruit.
바나나는 과일의 한 가지 **예**이다.

fall
[fɔːl]

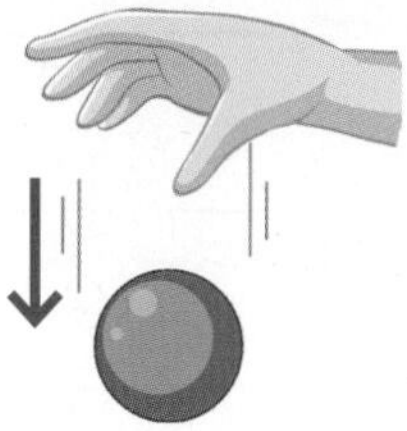

동사 1. **떨어지다** 2. **넘어지다** 명사 **가을**

Things **fall** to the ground.
물체는 땅으로 **떨어진다.**

problem
[prάbləm]

명사 **문제**

He has a **problem** with his car.
그의 차에 **문제**가 있다.

DAY 07 DAILY TEST

A 단어를 듣고, 빈칸에 들어갈 알맞은 글자를 쓰세요.

❶ 
__eac__

❷ 
c__ge

❸ 
b__us__

❹ 
p__oble__

❺ 

ne__t

❻ 
t__il

B 우리말 뜻에 알맞은 단어가 되도록 글자를 바르게 배열하여 쓰세요.

❶ 예(시), 사례, 보기 | e m a x l p e | __ __ __ __ __ __ __

❷ 과거의, 지나간 | a p s t | __ __ __ __

❸ 노력하다; 시도하다 | r t y | __ __ __

❹ 듣다, 들리다 | e h a r | __ __ __ __

❺ 일찍, 빨리 | r y a e l | __ __ __ __ __

❻ 해변, 바닷가 | b h c a e | __ __ __ __ __

C 그림에 알맞은 단어와 우리말 뜻을 찾아 줄을 이어 보세요.

❶		hear	떨어지다
❷		brush	예(시), 사례
❸		example	붓, 솔, 빗
❹	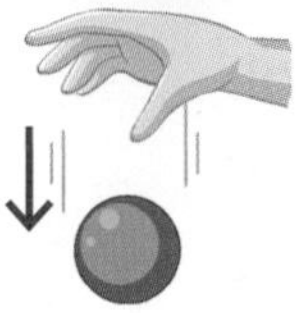	fall	듣다, 들리다

D 우리말 뜻에 알맞은 단어를 〈보기〉에서 골라 문장을 완성하세요.

보기	tail	past	try	early

❶ 공작은 아름다운 **꼬리**를 갖고 있다.

A peacock has a beautiful ______________.

❷ 나는 매일 운동하려고 **노력한다**.

I ______________ to exercise every day.

❸ 우리는 **과거의** 실수로부터 배워야 한다.

We should learn from ______________ mistakes.

❹ 비행기가 10분 **일찍** 도착했다.

The plane arrived ten minutes ______________.

DAY 08

life
[laif]

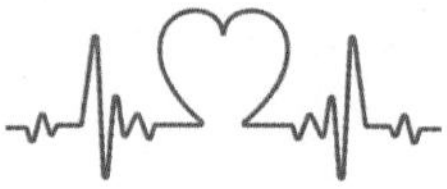

명사 1. **생명, 목숨** 2. **인생, 삶**

save a person's **life**
사람의 **생명**을 구하다

build
[bild]

동사 **(건물을) 짓다, 건설하다**
명사 building 건물, 빌딩

We will **build** a new house next year.
우리는 내년에 새로운 집을 **지을** 것이다.

ride
[raid]

동사 **(말·탈것 등을) 타다** 명사 **타기**

I **ride** the bus to school.
나는 버스를 **타고** 학교에 간다.

weak
[wi:k]

형용사 **약한, 힘이 없는** 반의어 strong 힘센, 강한

My legs feel **weak**.
나는 다리에 **힘이 없다**.

laugh
[læf]

동사 **(소리 내어) 웃다** 명사 **웃음(소리)**

The comedy show made me **laugh**.
그 코미디 쇼가 날 **웃게** 만들었다.
참고 smile 미소 짓다, 웃다; 미소, 웃음

office
[ɔ́:fis]

명사 **사무실, 회사**

They are working in the same **office**.
그들은 같은 **사무실**에서 일하고 있다.

학습일	1차: 월 일
	2차: 월 일

stick
[stik]

명사 1. 나뭇가지 2. 채, 스틱
동사 붙다, 붙이다

They used **sticks** to make a fire.
그들은 불을 피우기 위해 **나뭇가지**를 사용했다.

serious
[síəriəs]

형용사 1. 심각한 2. 진지한

I saw a **serious** car accident.
나는 **심각한** 차 사고를 보았다.

loud
[laud]

형용사 큰, 시끄러운 반의어 quiet 조용한

His voice is too **loud**.
그의 목소리는 너무 **크다**.

pumpkin
[pʌ́mpkin]

명사 호박

A **pumpkin** is a symbol of Halloween.
호박은 핼러윈의 상징이다.

pool
[puːl]

명사 1. 수영장 2. 웅덩이

The water in the **pool** is warm.
수영장 안 물이 따뜻하다.

until
[əntíl]

전치사 ~까지 접속사 ~할 때까지

I will wait for you **until** ten o'clock.
10시**까지** 널 기다릴게.

DAY 08 DAILY TEST

A 들려주는 순서대로 일치하는 그림에 번호를 쓰고, 알맞은 단어와 이어 보세요.

weak	pool	laugh	pumpkin

B 우리말 뜻에 알맞은 단어가 되도록 글자를 바르게 배열하여 쓰세요.

❶ 큰, 시끄러운 | d u l o | ___ ___ ___ ___

❷ (말·탈것 등을) 타다 | r d i e | ___ ___ ___ ___

❸ 사무실, 회사 | f f i c o e | ___ ___ ___ ___ ___ ___

❹ (소리 내어) 웃다 | g l h a u | ___ ___ ___ ___ ___

❺ 심각한; 진지한 | e s r i u o s | ___ ___ ___ ___ ___ ___ ___

❻ 생명, 목숨; 인생, 삶 | i l f e | ___ ___ ___ ___

C 그림에 알맞은 단어를 쓰고 퍼즐에서 찾아 동그라미 하세요.

❶  ____________

❷  ____________

❸  ____________

❹  ____________

o	g	l	z	k	u
w	f	a	o	c	k
r	i	f	e	u	c
r	c	s	i	b	d
d	s	t	i	c	k
b	u	i	l	d	e

D 우리말 뜻에 알맞은 단어를 〈보기〉에서 골라 문장을 완성하세요.

보기 build weak until serious

❶ 나는 다리에 **힘이 없다.**
My legs feel ____________.

❷ 나는 **심각한** 차 사고를 보았다.
I saw a ____________ car accident.

❸ 10시**까지** 널 기다릴게.
I will wait for you ____________ ten o'clock.

❹ 우리는 내년에 새로운 집을 **지을** 것이다.
We will ____________ a new house next year.

DAY 05-08

REVIEW TEST

A 각 영어 단어의 우리말 뜻을 쓰세요.

1	lovely	________	2	past	________
3	fall	________	4	build	________
5	bill	________	6	early	________
7	problem	________	8	without	________
9	try	________	10	around	________
11	hear	________	12	next	________
13	until	________	14	plan	________
15	engineer	________	16	laugh	________

B 우리말 뜻에 맞는 영어 단어를 고르세요.

1	우스운, 재미있는	① scary	② funny	③ curious
2	현금, 현찰	① cash	② example	③ grade
3	창조하다, 만들다	① live	② break	③ create
4	울다; 외치다	① sit	② hear	③ cry
5	빌리다	① borrow	② catch	③ climb
6	섬	① island	② forest	③ museum
7	입고 있다	① build	② wear	③ ride
8	기억(력); 추억	① mistake	② habit	③ memory
9	수영장; 웅덩이	① ocean	② pool	③ beach
10	큰, 시끄러운	① bored	② loud	③ calm

C 우리말 뜻에 맞는 영어 단어를 쓰세요.

1. 100, 백 ______
2. 나뭇가지; 채, 스틱 ______
3. 해변, 바닷가 ______
4. 사무실, 회사 ______
5. 생명, 목숨 ______
6. 극장 ______
7. 팔다; 팔리다 ______
8. 심각한; 진지한 ______
9. 꼬리 ______
10. (말·탈것 등을) 타다 ______
11. 무서운, 겁나는 ______
12. 숲, 삼림 ______
13. 빌리다 ______
14. 예(시), 사례, 보기 ______
15. 우리, 새장 ______
16. 호박 ______
17. 주소 ______
18. 붓, 솔, 빗 ______

D 주어진 단어와 반대인 뜻을 가진 단어를 〈보기〉에서 골라 쓰세요.

보기	strong	stand	thin

1. fat ______
2. weak ______
3. sit ______

E 주어진 단어와 비슷한 뜻을 가진 단어를 〈보기〉에서 골라 쓰세요.

보기	insect	make	error

1. mistake ______
2. bug ______
3. create ______

DAY 09

keep
[kiːp]

동사 1. (상태를) 유지하다 2. 계속하다

I turned on the fan to **keep** cool.
나는 시원함을 **유지하기** 위해 선풍기를 틀었다.

thing
[θiŋ]

명사 물건, 것

What is that black **thing**?
저 검은색 **물건**은 뭐야?

church
[tʃəːrtʃ]

명사 교회

They go to **church** every Sunday.
그들은 매주 일요일에 **교회**에 간다.

join
[dʒɔin]

동사 1. 가입하다
2. 연결하다 유의어 connect 연결하다, 잇다

join a ski club
스키 동아리에 **가입하다**

mad
[mæd]

형용사 1. 화가 난 유의어 angry 화난, 성난
2. 미친, 제정신이 아닌

He is **mad** at his noisy neighbor.
그는 시끄러운 이웃에게 **화가 났다**.

weight
[weit]

명사 무게, 체중

She is trying to lose **weight**.
그녀는 **체중**을 줄이려고 노력 중이다.

학습일 1차: 월 일
2차: 월 일

die
[dai]

동사 **죽다, 사망하다** 형용사 dead 죽은

He **died** in 2008 at the age of 88.
그는 88세의 나이로 2008년에 **사망했다**.

sure
[ʃuər]

형용사 **확신하는, 확실한** 유의어 certain 확신하는

Are you **sure** about the answer?
너는 정답을 **확신하니**?

festival
[féstəvəl]

명사 **축제**

The music **festival** is held in May.
그 음악 **축제**는 5월에 열린다.

first
[fəːrst]

형용사 1. **첫 (번)째의** 2. **일등의**
부사 **우선, 먼저**

I'm the **first** person in this line.
내가 이 줄의 **첫 번째** 사람이다.

heart
[haːrt]

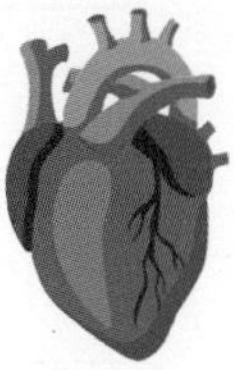

명사 1. **심장** 2. **마음, 감정**

My **heart** is beating very fast.
내 **심장**이 매우 빠르게 뛰고 있다.

strange
[streindʒ]

형용사 1. **이상한** 2. **낯선**
명사 stranger 낯선 사람

There was a **strange** sound outside.
밖에서 **이상한** 소리가 났다.

DAY 09 DAILY TEST

A 단어를 듣고, 빈칸에 들어갈 알맞은 글자를 쓰세요.

❶  _oin

❷  w__ght

❸ 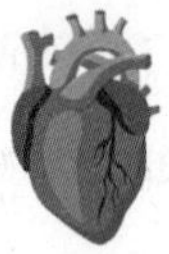 hea_t

❹  f_rst

❺  s__an_e

❻  _e_ti_al

B 우리말 뜻에 알맞은 단어가 되도록 글자를 바르게 배열하여 쓰세요.

❶ 화가 난; 미친	a d m	___ ___ ___
❷ 교회	h h r c u c	___ ___ ___ ___ ___ ___
❸ 물건, 것	h i n t g	___ ___ ___ ___ ___
❹ 유지하다; 계속하다	e k p e	___ ___ ___ ___
❺ 확신하는, 확실한	u r s e	___ ___ ___ ___
❻ 가입하다; 연결하다	n o j i	___ ___ ___ ___

C 그림에 알맞은 단어와 우리말 뜻을 찾아 줄을 이어 보세요.

❶  • • mad • • 화가 난; 미친

❷  • • church • • 죽다, 사망하다

❸ 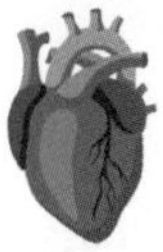 • • heart • • 교회

❹  • • die • • 심장; 마음

D 우리말 뜻에 알맞은 단어를 〈보기〉에서 골라 문장을 완성하세요.

보기 sure festival strange weight

❶ 그 음악 **축제**는 5월에 열린다.
The music ______________ is held in May.

❷ 너는 정답을 **확신하니**?
Are you ______________ about the answer?

❸ 그녀는 **체중**을 줄이려고 노력 중이다.
She is trying to lose ______________.

❹ 밖에서 **이상한** 소리가 났다.
There was a ______________ sound outside.

DAY 10

race
[reis]

명사 **경주**

He came first in the **race**.
그는 그 **경주**에서 첫 번째로 들어왔다.

garbage
[gáːrbidʒ]

명사 **쓰레기** 유의어 trash 쓰레기

throw away the **garbage**
쓰레기를 버리다

let
[let]

동사 **~하게 하다, ~하도록 허락하다**

The man **let** me go inside the building.
남자가 나를 건물 안으로 들어가**게 했다**.

nail
[neil]

명사 **손톱, 발톱**

I cut my **nails** once a week.
나는 일주일에 한 번 **손톱**을 자른다.

above
[əbʌ́v]

전치사 **~보다 위에** 부사 **위에, 위로**
반의어 below ~보다 아래에; 아래에, 아래로

A balloon is flying **above** the ground.
열기구가 지면 **위를** 날고 있다.

robot
[róubɑt]

명사 **로봇**

This **robot** can walk and talk.
이 **로봇**은 걷고 말할 수 있다.

학습일 1차: 월 일
2차: 월 일

station
[stéiʃən]

명사 역, 정거장[정류장]

She is waiting at the train **station.**
그녀는 기차**역**에서 기다리고 있다.

lonely
[lóunli]

형용사 외로운, 쓸쓸한 유의어 alone 외로운

I sometimes feel **lonely.**
나는 가끔 **외롭다**고 느낀다.

pick
[pik]

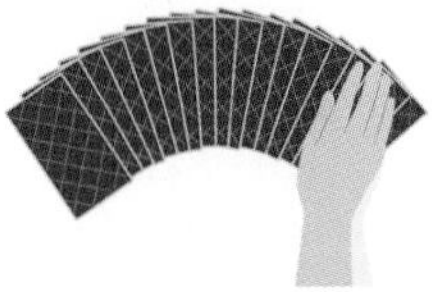

동사 1. 고르다 유의어 choose 선택하다, 고르다
2. (과일·꽃 등을) 따다, 꺾다

Would you please **pick** a card?
카드를 한 장 **골라**주시겠습니까?

palace
[pǽlis]

명사 궁전

The king lived in this **palace.**
왕은 이 **궁전**에서 살았다.

ghost
[goust]

명사 유령, 귀신

I'm not afraid of **ghosts.**
나는 **유령**이 무섭지 않다.

fantastic
[fæntǽstik]

형용사 환상적인, 멋진
유의어 wonderful 아주 멋진, 훌륭한

fantastic works of art
환상적인 미술 작품들

DAY 10 DAILY TEST

A 들려주는 순서대로 일치하는 그림에 번호를 쓰고, 알맞은 단어와 이어 보세요.

ghost robot station palace

B 우리말 뜻에 알맞은 단어가 되도록 글자를 바르게 배열하여 쓰세요.

1. 외로운, 쓸쓸한 y n l l e o ___ ___ ___ ___ ___ ___
2. 유령, 귀신 h o t s g ___ ___ ___ ___ ___
3. 경주 c r e a ___ ___ ___ ___
4. ~보다 위에 e v a o b ___ ___ ___ ___ ___
5. 쓰레기 g a g b e a r ___ ___ ___ ___ ___ ___ ___
6. 고르다; 따다 k i p c ___ ___ ___ ___

C 그림에 알맞은 단어를 쓰고 퍼즐에서 찾아 동그라미 하세요.

❶ 
____

❷ 
____

❸ 
____

❹ 
____

a	k	d	i	l	c	l
i	d	v	r	a	c	e
g	k	t	l	w	l	u
s	t	a	t	i	o	n
t	c	y	a	u	c	f
m	w	n	o	s	a	b
g	a	r	b	a	g	e

D 우리말 뜻에 알맞은 단어를 〈보기〉에서 골라 문장을 완성하세요.

보기 let fantastic lonely above

❶ 나는 가끔 **외롭다**고 느낀다.
I sometimes feel ______________.

❷ 이것들은 **환상적인** 미술 작품들이다.
These are ______________ works of art.

❸ 열기구가 지면 **위를** 날고 있다.
A balloon is flying ______________ the ground.

❹ 남자가 나를 건물 안으로 들어가**게 했다.**
The man ______________ me go inside the building.

DAY 11

speak
[spiːk]

동사 **말하다, 이야기하다** 유의어 talk 말하다

speak in English
영어로 **말하다**

top
[tɑp]

명사 **맨 위, 꼭대기** 형용사 **맨 위의**
반의어 bottom 맨 아래, 바닥; 맨 아래의

at the **top** of the page
페이지의 **맨 위**에

beef
[biːf]

명사 **소고기**

He is cooking a slice of **beef**.
그는 **소고기** 한 조각을 요리하고 있다.
참고 pork 돼지고기 chicken 닭고기

worry
[wə́ːri]

동사 **걱정하다** 명사 **걱정, 고민거리**

Don't **worry** about the problem.
그 문제에 대해서는 **걱정하지** 마.

hero
[híərou]

명사 1. **영웅** 2. **(책·영화 등의) 주인공**

My grandfather is a war **hero**.
우리 할아버지는 전쟁 **영웅**이시다.

careful
[kέərfəl]

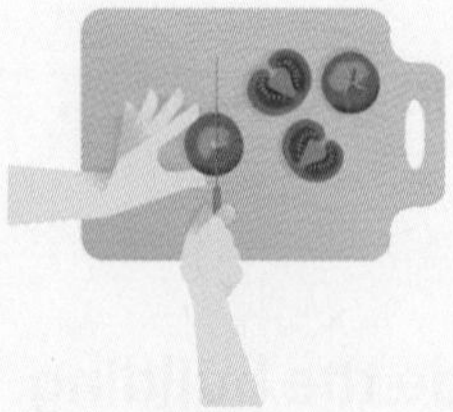

형용사 **조심하는, 주의 깊은**

Be **careful**! The knife is sharp.
조심하세요! 칼이 날카로워요.

학습일 1차: 월 일 2차: 월 일

wood
[wud]

명사 **나무, 목재** 형용사 **wooden** 나무로 된

This desk is made of **wood**.

이 책상은 **나무**로 만들어졌다.

score
[skɔːr]

명사 **점수, 득점** 동사 **득점하다**

The final **score** of the game was 2-1.

그 경기의 최종 **점수**는 2대 1이었다.

rest
[rest]

명사 **휴식** 동사 **쉬다, 휴식하다**

He had a short **rest** after lunch.

그는 점심 식사 후에 짧은 **휴식**을 취했다.

follow
[fálou]

동사 1. **~를 따라가다[오다]**
2. **[시간·순서] 뒤를 잇다**

The baby ducks **follow** their mother.

새끼 오리들이 어미 오리를 **따라간다**.

copy
[kápi]

명사 **복사(본), 복제(본)** 동사 **복사하다, 베끼다**

I made a **copy** of this file.

나는 이 파일의 **복사본**을 만들었다.

fence
[fens]

명사 **울타리, 담**

There is a **fence** around the house.

집 주변에 **울타리**가 있다.

DAY 11

DAILY TEST

A 단어를 듣고, 빈칸에 들어갈 알맞은 글자를 쓰세요.

❶  __est

❷ 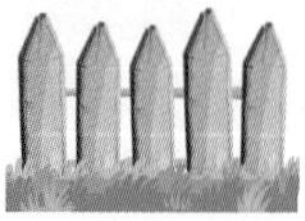 fe__c__

❸  __ood

❹  to__

❺  fo__lo__

❻  co__y

B 우리말 뜻에 알맞은 단어가 되도록 글자를 바르게 배열하여 쓰세요.

❶ 걱정하다; 걱정 w r r y o ___ ___ ___ ___ ___

❷ 점수, 득점 c s o e r ___ ___ ___ ___ ___

❸ 영웅; 주인공 r o h e ___ ___ ___ ___

❹ 조심하는, 주의 깊은 c r e a f l u ___ ___ ___ ___ ___ ___ ___

❺ ~를 따라가다[오다] o l w f o l ___ ___ ___ ___ ___ ___

❻ 말하다, 이야기하다 k s e a p ___ ___ ___ ___ ___

C 그림에 알맞은 단어와 우리말 뜻을 찾아 줄을 이어 보세요.

❶		score	소고기
❷		beef	휴식; 쉬다
❸		rest	영웅; 주인공
❹		hero	점수, 득점

D 우리말 뜻에 알맞은 단어를 〈보기〉에서 골라 문장을 완성하세요.

보기	copy	careful	wood	fence

❶ 이 책상은 **나무**로 만들어졌다.
This desk is made of ______________.

❷ **조심하**세요! 칼이 날카로워요.
Be ______________! The knife is sharp.

❸ 나는 이 파일의 **복사본**을 만들었다.
I made a ______________ of this file.

❹ 집 주변에 **울타리**가 있다.
There is a ______________ around the house.

DAY 12

home
[houm]

[명사] **집, 가정** [부사] **집에, 집으로**

Welcome to my **home.**

우리 **집**에 온 걸 환영해.

[참고] house 집, 주택

fan
[fæn]

[명사] **1. (스포츠·연예인 등의) 팬 2. 선풍기**

I am a huge **fan** of the singer.

나는 그 가수의 열렬한 **팬**이다.

difficult
[dífikʌ̀lt]

[형용사] **어려운, 힘든** [유의어] hard 어려운

This book is **difficult** for me.

이 책은 나한테 **어렵다**.

salt
[sɔːlt]

[명사] **소금** [형용사] salty 짠

She put **salt** in the soup.

그녀는 스프에 **소금**을 넣었다.

push
[puʃ]

[동사] **1. 밀다** [반의어] pull 당기다
2. 누르다 [유의어] press 누르다

They tried to **push** the door.

그들은 문을 **밀려고** 했다.

upset
[ʌpsét]

[형용사] **속상한, 화난** [동사] **속상하게 하다**

I was **upset** to hear the news.

나는 그 소식을 듣고 **속상했다**.

학습일 1차: 월 일
2차: 월 일

safe
[seif]

형용사 **안전한** 반의어 dangerous 위험한

My hometown is **safe** and quiet.
내 고향은 **안전하고** 조용하다.

fix
[fiks]

동사 1. **고치다** 2. **고정시키다**

He has to **fix** his computer.
그는 컴퓨터를 **고쳐야** 한다.

contest
[kántest]

명사 **대회, 시합, 콘테스트**

He is the winner of the dance **contest**.
그는 춤 **대회**의 우승자이다.

hate
[heit]

동사 **(몹시) 싫어하다, 미워하다**

I **hate** cucumbers.
나는 오이를 **싫어한다**.

badminton
[bǽdmintən]

명사 **배드민턴**

They enjoy playing **badminton**.
그들은 **배드민턴**을 치는 것을 즐긴다.

almost
[ɔ́:lmoust]

부사 **거의** 유의어 nearly 거의

The battery is **almost** full.
배터리가 **거의** 다 찼다.

DAY 12
DAILY TEST

A 들려주는 순서대로 일치하는 그림에 번호를 쓰고, 알맞은 단어와 이어 보세요.

hate	fan	salt	badminton

B 우리말 뜻에 알맞은 단어가 되도록 글자를 바르게 배열하여 쓰세요.

❶ 밀다; 누르다 s p u h ____ ____ ____ ____

❷ 거의 l a m s o t ____ ____ ____ ____ ____ ____

❸ 대회, 시합 s t e n c t o ____ ____ ____ ____ ____ ____ ____

❹ 안전한 a s f e ____ ____ ____ ____

❺ 소금 t s l a ____ ____ ____ ____

❻ 속상한, 화난 p u t s e ____ ____ ____ ____ ____

C 그림에 알맞은 단어를 쓰고 퍼즐에서 찾아 동그라미 하세요.

❶ 

____

❷ 

____

❸ 

____

❹ 

____

a	d	o	n	s	c	g
f	b	h	l	k	o	p
s	i	g	o	c	n	e
a	i	x	i	m	t	a
r	z	d	e	k	e	q
d	e	h	n	m	s	x
p	u	s	h	c	t	o

D 우리말 뜻에 알맞은 단어를 〈보기〉에서 골라 문장을 완성하세요.

보기	difficult	almost	upset	hate

❶ 나는 오이를 **싫어한다.**
I __________ cucumbers.

❷ 배터리가 **거의** 다 찼다.
The battery is __________ full.

❸ 이 책은 나한테 **어렵다.**
This book is __________ for me.

❹ 나는 그 소식을 듣고 **속상했다.**
I was __________ to hear the news.

DAY 09-12

REVIEW TEST

A 각 영어 단어의 우리말 뜻을 쓰세요.

1 thing	______	2 garbage	______
3 upset	______	4 contest	______
5 home	______	6 speak	______
7 first	______	8 fix	______
9 almost	______	10 rest	______
11 difficult	______	12 join	______
13 hate	______	14 let	______
15 keep	______	16 copy	______

B 우리말 뜻에 맞는 영어 단어를 고르세요.

1	울타리, 담	① floor	② fence	③ pool
2	이상한; 낯선	① strange	② funny	③ scary
3	역, 정거장[정류장]	① bookstore	② theater	③ station
4	교회	① palace	② church	③ office
5	조심하는, 주의 깊은	① careful	② honest	③ lazy
6	걱정하다; 걱정	① thank	② laugh	③ worry
7	외로운, 쓸쓸한	① curious	② lonely	③ lovely
8	축제	① camp	② race	③ festival
9	~보다 위에	① across	② above	③ around
10	화가 난; 미친	① mad	② bored	③ popular

C 우리말 뜻에 맞는 영어 단어를 쓰세요.

1. 손톱, 발톱 ____________
2. 유령, 귀신 ____________
3. ~를 따라가다 ____________
4. 팬; 선풍기 ____________
5. 로봇 ____________
6. 심장; 마음 ____________
7. 영웅; 주인공 ____________
8. 소금 ____________
9. 확신하는, 확실한 ____________
10. 소고기 ____________
11. 궁전 ____________
12. 죽다, 사망하다 ____________
13. 나무, 목재 ____________
14. 경주 ____________
15. 무게, 체중 ____________
16. 배드민턴 ____________
17. 점수, 득점 ____________
18. (몹시) 싫어하다 ____________

D 주어진 단어와 반대인 뜻을 가진 단어를 〈보기〉에서 골라 쓰세요.

보기	dangerous	pull	bottom

1. top ____________
2. safe ____________
3. push ____________

E 주어진 단어와 비슷한 뜻을 가진 단어를 〈보기〉에서 골라 쓰세요.

보기	nearly	wonderful	choose

1. almost ____________
2. pick ____________
3. fantastic ____________

DAY 13

wife
[waif]

명사 **아내, 부인**

John's **wife** is Korean.
존의 **아내**는 한국인이다.

참고 husband 남편

fact
[fækt]

명사 **사실** 유의어 truth 사실, 진실

The newspaper should report the **facts.**
신문은 **사실**을 보도해야 한다.

talk
[tɔːk]

동사 **말하다, 이야기하다** 유의어 speak 말하다

What are you **talking** about?
너는 무슨 **말을 하고** 있니?

artist
[ɑ́ːrtist]

명사 **화가, 예술가** 명사 art 미술, 예술

The **artist** is drawing a tree.
화가는 나무를 그리고 있다.

hang
[hæŋ]

동사 **걸(리)다, 매달(리)다** 명사 hanger 옷걸이

Please **hang** your coat on the hook.
코트를 고리에 **걸어주세요**.

background
[bǽkgràund]

명사 **배경**

the **background** of a picture
사진의 **배경**

학습일 1차: 월 일
2차: 월 일

cover
[kʌ́vər]

동사 **덮다, 가리다**

Cover the kid with a blanket.
아이에게 담요를 **덮어** 줘라.

jeans
[dʒiːnz]

명사 **(복수형으로) 청바지**

He is wearing **jeans.**
그는 **청바지**를 입고 있다.

special
[spéʃəl]

형용사 **특별한** 부사 specially 특별히

I have a **special** present for you.
나한테 널 위한 **특별한** 선물이 있어.

health
[helθ]

명사 **건강** 형용사 healthy 건강한; 건강에 좋은

Vegetables are good for your **health.**
채소는 **건강**에 좋다.

bottle
[bátl]

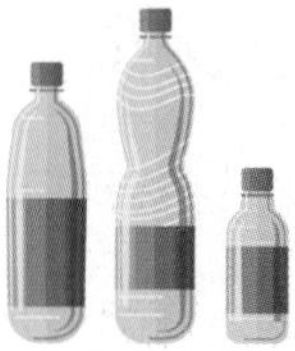

명사 1. **병** 2. **한 병(의 양)**

This **bottle** holds one liter of water.
이 **병**에는 1리터의 물이 들어간다.

role
[roul]

명사 1. **역할, 임무** 2. **(배우의) 배역**

What is your **role** on this team?
이 팀에서 너의 **역할**은 무엇이니?

DAY 13 DAILY TEST

A 단어를 듣고, 빈칸에 들어갈 알맞은 글자를 쓰세요.

❶  wi__e

❷  sp__cia__

❸  a__ti__t

❹  __eans

❺  ha__g

❻  ba__kgr__un__

B 우리말 뜻에 알맞은 단어가 되도록 글자를 바르게 배열하여 쓰세요.

❶ 건강 | l h e h t a | __ __ __ __ __ __

❷ 말하다, 이야기하다 | t l a k | __ __ __ __

❸ 사실 | t f c a | __ __ __ __

❹ 병; 한 병(의 양) | t l b t o e | __ __ __ __ __ __

❺ 덮다, 가리다 | o v r e c | __ __ __ __ __

❻ 역할, 임무 | e o l r | __ __ __ __

C 그림에 알맞은 단어와 우리말 뜻을 찾아 줄을 이어 보세요.

❶		bottle	말하다
❷		artist	병
❸		health	건강
❹		talk	화가, 예술가

D 우리말 뜻에 알맞은 단어를 〈보기〉에서 골라 문장을 완성하세요.

보기	cover	facts	jeans	wife

❶ 그는 **청바지**를 입고 있다.

He is wearing ______________.

❷ 존의 **아내**는 한국인이다.

John's ______________ is Korean.

❸ 아이에게 담요를 **덮어** 줘라.

______________ the kid with a blanket.

❹ 신문은 **사실**을 보도해야 한다.

The newspaper should report the ______________.

DAY 14

bring
[briŋ]

동사 **가져오다, 데려오다**

Bring your toys here.
너의 장난감을 여기로 **가져와라**.

curly
[kə́ːrli]

형용사 **곱슬곱슬한** 반의어 straight 곧은

The woman has **curly** brown hair.
그 여자는 **곱슬곱슬한** 갈색 머리를 가졌다.

stair
[stɛər]

명사 **(주로 복수형으로) 계단**

go up the **stairs**
계단을 올라가다

couple
[kʌ́pl]

명사 1. **커플, 부부** 2. **두 사람, 두 개**

They are a happy **couple**.
그들은 행복한 **커플**이다.

guess
[ges]

동사 **추측하다, 짐작하다** 명사 **추측, 짐작**

Can you **guess** the answer?
답을 **추측할** 수 있겠니?

backpack
[bǽkpæ̀k]

명사 **배낭**

carry a **backpack** on the back
등에 **배낭**을 메다

학습일 1차: 월 일
2차: 월 일

ready
[rédi]

형용사 **준비가 된**

He is **ready** to go to school.
그는 학교에 갈 **준비가 되었다**.

desert
[dézərt]

명사 **사막**

The Sahara is a **desert** in Africa.
사하라는 아프리카에 있는 **사막**이다.

rule
[ruːl]

명사 **규칙, 규정**

We must follow the traffic **rules**.
우리는 교통 **규칙**을 따라야 한다.

by
[bai]

전치사 1. **[위치] ~ 옆에** 유의어 beside ~ 옆에
2. **[수단·방법] ~에 의해, ~으로**

Please come and stand **by** me.
와서 제 **옆에** 서 주세요.

crowd
[kraud]

명사 **군중, 인파**

There is a large **crowd** in the street.
거리에 많은 **군중**이 있다.

grape
[greip]

명사 **포도**

Wine is made from **grapes**.
와인은 **포도**로 만들어진다.

DAY 14 DAILY TEST

A 들려주는 순서대로 일치하는 그림에 번호를 쓰고, 알맞은 단어와 이어 보세요.

backpack	guess	grape	couple

B 우리말 뜻에 알맞은 단어가 되도록 글자를 바르게 배열하여 쓰세요.

❶ 사막	t s e e r d	___ ___ ___ ___ ___ ___
❷ 가져오다, 데려오다	b i n r g	___ ___ ___ ___ ___
❸ 규칙, 규정	l u r e	___ ___ ___ ___
❹ 커플, 부부	o c u p e l	___ ___ ___ ___ ___ ___
❺ 곱슬곱슬한	r c l y u	___ ___ ___ ___ ___
❻ 준비가 된	y r a e d	___ ___ ___ ___ ___

C 그림에 알맞은 단어를 쓰고 퍼즐에서 찾아 동그라미 하세요.

❶ 

____

❷ 

____

❸ 

____

❹ 

____

x	w	e	z	k	y	d
k	a	q	i	l	w	e
l	h	s	r	i	i	s
j	l	u	e	z	g	e
y	c	r	o	w	d	r
h	q	v	a	c	l	t
s	t	a	i	r	r	h

D 우리말 뜻에 알맞은 단어를 〈보기〉에서 골라 문장을 완성하세요.

보기 guess ready backpack by

❶ 그녀는 등에 **배낭**을 메고 있다.

She is carrying a ______________ on the back.

❷ 그는 학교에 갈 **준비가 되었다**.

He is ______________ to go to school.

❸ 답을 **추측할** 수 있겠니?

Can you ______________ the answer?

❹ 와서 제 **옆에** 서 주세요.

Please come and stand ______________ me.

DAY 15

return
[ritə́ːrn]

동사 1. 돌아오다[가다] 2. 돌려주다, 반납하다

When do you **return** home?
너는 언제 집에 **돌아오니**?

coin
[kɔin]

명사 동전

Put a **coin** into the machine.
기계에 **동전**을 넣으세요.
참고 bill 지폐

must
[mʌst]

동사 1. ~해야 한다 2. ~임에 틀림없다

You **must** wear a helmet to ride a bike.
자전거를 타려면 헬멧을 써**야 한다**.

business
[bíznis]

명사 1. 사업, 거래 2. (직장의) 일, 업무

start a fashion **business**
패션 **사업**을 시작하다

nervous
[nə́ːrvəs]

형용사 긴장한, 초조한 반의어 calm 침착한, 차분한

I'm so **nervous** about the test.
나는 시험 때문에 매우 **긴장된다**.

battery
[bǽtəri]

명사 건전지, 배터리

charge a **battery**
배터리를 충전하다

학습일	1차: 월 일
	2차: 월 일

rice
[rais]

명사 **밥, 쌀**

She put some **rice** in a bowl.
그녀는 그릇에 **밥**을 담았다.

death
[deθ]

명사 **죽음, 사망** 반의어 birth 탄생, 출생

He was shocked by his uncle's **death**.
그는 삼촌의 **죽음**에 충격을 받았다.

cross
[krɔːs]

동사 **건너다, 가로지르다**

Be careful when you **cross** the road.
길을 **건널** 때 조심해라.

human
[hjúːmən]

명사 **인간, 사람** 유의어 person 사람, 개인
형용사 **인간[사람]의**

This robot looks like a **human**.
이 로봇은 **인간**을 닮았다.

colorful
[kʌ́lərfəl]

형용사 **알록달록한, 다채로운** 명사 color 색(깔)

The butterfly has **colorful** wings.
그 나비는 **알록달록한** 날개를 가지고 있다.

shower
[ʃáuər]

명사 1. **샤워** 2. **소나기**

I take a **shower** every day.
나는 매일 **샤워**를 한다.

DAY 15

DAILY TEST

A 단어를 듣고, 빈칸에 들어갈 알맞은 글자를 쓰세요.

❶ 

c __ lor __ ul

❷ 

co __ __

❸ 

__ e __ th

❹ 

ne __ __ ous

❺ 

bu __ in __ s __

❻ 

__ howe __

B 우리말 뜻에 알맞은 단어가 되도록 글자를 바르게 배열하여 쓰세요.

❶ 건너다, 가로지르다 | r c s s o | __ __ __ __ __

❷ 죽음, 사망 | e d a h t | __ __ __ __ __

❸ 동전 | i n o c | __ __ __ __

❹ ~해야 한다 | t m s u | __ __ __ __

❺ 건전지, 배터리 | e r y b t t a | __ __ __ __ __ __ __

❻ 돌아오다[가다] | r n e t u r | __ __ __ __ __ __

C 그림에 알맞은 단어와 우리말 뜻을 찾아 줄을 이어 보세요.

❶ 	human	건너다, 가로지르다
❷ 	rice	건전지, 배터리
❸ 	cross	인간, 사람
❹ 	battery	밥, 쌀

D 우리말 뜻에 알맞은 단어를 〈보기〉에서 골라 문장을 완성하세요.

보기	must	return	shower	nervous

❶ 나는 매일 **샤워**를 한다.
I take a ______________ every day.

❷ 나는 시험 때문에 매우 **긴장된다**.
I'm so ______________ about the test.

❸ 너는 언제 집에 **돌아오니**?
When do you ______________ home?

❹ 자전거를 타려면 헬멧을 써**야 한다**.
You ______________ wear a helmet to ride a bike.

DAY 16

may
[mei]

동사 1. ~일지도 모른다 2. ~해도 된다

The rumor **may** be true.
그 소문은 사실**일지도 모른다**.

base
[beis]

명사 1. (사물의) 맨 아랫부분, 밑바닥
2. 기초, 토대 형용사 basic 기초적인

the **base** of a glass
유리잔의 **맨 아랫부분**

enjoy
[indʒɔ́i]

동사 즐기다, 즐거워하다

I **enjoy** listening to pop music.
나는 팝 음악을 듣는 것을 **즐긴다**.

village
[vílidʒ]

명사 (시골) 마을

She lives in a small **village**.
그녀는 작은 **마을**에 산다.

참고 town 마을, 동네, (소)도시

traditional
[trədíʃənl]

형용사 전통의, 전통적인 명사 tradition 전통

Hanbok is **traditional** Korean clothing.
한복은 한국의 **전통적인** 의상이다.

writer
[ráitər]

명사 작가, 쓴 사람 동사 write 쓰다

He is the **writer** of this book.
그가 이 책의 **작가**이다.

학습일	1차: 월 일
	2차: 월 일

against
[əgénst]

전치사 1. ~에 맞서, ~을 상대하여
2. ~에 반대하여

He will fight **against** the champion.
그는 챔피언**에 맞서** 싸울 것이다.

mind
[maind]

명사 **마음, 정신** 동사 **꺼리다, 싫어하다**

Yoga is good for your body and **mind**.
요가는 몸과 **마음**에 좋다.

참고 heart 마음, 감정

sentence
[séntəns]

명사 **문장**

Please read the last **sentence** again.
마지막 **문장**을 다시 읽어주세요.

참고 word 단어, 낱말

strong
[strɔːŋ]

형용사 **힘센, 강한** 유의어 powerful 강한, 강력한

He is old but still **strong**.
그는 나이가 많지만 여전히 **힘이 세다**.

away
[əwéi]

부사 **[시간·장소] 떨어져, 멀리**

The bank is 1km **away** from here.
그 은행은 여기서 1km **떨어져** 있다.

information
[ìnfərméiʃən]

명사 **정보, 자료**

find **information** on the internet
인터넷에서 **정보**를 찾다

DAY 16

DAILY TEST

A 들려주는 순서대로 일치하는 그림에 번호를 쓰고, 알맞은 단어와 이어 보세요.

mind	village	information	strong

B 우리말 뜻에 알맞은 단어가 되도록 글자를 바르게 배열하여 쓰세요.

❶ ~에 맞서 | a n a g i s t | _ _ _ _ _ _ _

❷ 작가, 쓴 사람 | r t w e i r | _ _ _ _ _ _

❸ 즐기다, 즐거워하다 | e y n j o | _ _ _ _ _

❹ 마음, 정신 | i d m n | _ _ _ _

❺ 문장 | t e c s e n n e | _ _ _ _ _ _ _ _

❻ ~일지도 모른다 | y m a | _ _ _

C 그림에 알맞은 단어를 쓰고 퍼즐에서 찾아 동그라미 하세요.

❶ 

____

❷ 

____

❸ 

____

❹ 

____

w	c	n	e	j	b	c
b	r	q	a	k	a	y
e	p	i	l	f	s	d
n	a	s	t	a	e	r
j	h	u	s	e	g	f
o	u	b	d	e	r	h
y	s	t	r	o	n	g

D 우리말 뜻에 알맞은 단어를 〈보기〉에서 골라 문장을 완성하세요.

보기	may	village	traditional	away

❶ 그녀는 작은 **마을**에 산다.
She lives in a small ____________.

❷ 한복은 한국의 **전통적인** 의상이다.
Hanbok is ____________ Korean clothing.

❸ 그 은행은 여기서 1km **떨어져** 있다.
The bank is 1km ____________ from here.

❹ 그 소문은 사실**일지도 모른다**.
The rumor ____________ be true.

DAY 13-16

REVIEW TEST

A 각 영어 단어의 우리말 뜻을 쓰세요.

1 stair	______	2 business	______
3 must	______	4 mind	______
5 away	______	6 hang	______
7 may	______	8 artist	______
9 bottle	______	10 cross	______
11 writer	______	12 by	______
13 base	______	14 wife	______
15 bring	______	16 village	______

B 우리말 뜻에 맞는 영어 단어를 고르세요.

1	돌아오다[가다]	① follow	② climb	③ return
2	사실	① fact	② mistake	③ idea
3	건강	① heart	② habit	③ health
4	덮다, 가리다	① pick	② cover	③ fix
5	배낭	① cage	② backpack	③ bottle
6	군중, 인파	① crowd	② human	③ couple
7	청바지	① jeans	② brush	③ fashion
8	알록달록한, 다채로운	① bright	② lovely	③ colorful
9	즐기다, 즐거워하다	① join	② hate	③ enjoy
10	정보, 자료	① example	② information	③ problem

C 우리말 뜻에 맞는 영어 단어를 쓰세요.

1. 사막 ____________
2. 샤워; 소나기 ____________
3. 건전지, 배터리 ____________
4. 포도 ____________
5. 밥, 쌀 ____________
6. 특별한 ____________
7. ~에 맞서 ____________
8. 준비가 된 ____________
9. 역할, 임무 ____________
10. 동전 ____________
11. 전통의, 전통적인 ____________
12. 문장 ____________
13. 추측하다 ____________
14. 긴장한, 초조한 ____________
15. 커플, 부부 ____________
16. 돌아오다[가다] ____________
17. 규칙, 규정 ____________
18. 배경 ____________

D 주어진 단어와 반대인 뜻을 가진 단어를 〈보기〉에서 골라 쓰세요.

보기	calm	straight	birth

1. death ____________
2. nervous ____________
3. curly ____________

E 주어진 단어와 비슷한 뜻을 가진 단어를 〈보기〉에서 골라 쓰세요.

보기	powerful	person	speak

1. human ____________
2. talk ____________
3. strong ____________

DAY 17

heat
[hiːt]

명사 **열기, 열** 동사 **가열하다, 데우다**

the **heat** of the sun
태양의 **열기**

prize
[praiz]

명사 **상, 상품** 유의어 award 상

My team won the first **prize.**
우리 팀이 1등 **상**을 받았다.

travel
[trǽvəl]

동사 **(먼 곳으로) 여행하다** 명사 **여행**
유의어 tour 여행하다, 관광하다; 여행, 관광

I like to **travel** by train.
나는 기차를 타고 **여행하는** 것을 좋아한다.

center
[séntər]

명사 **중심, 중앙** 유의어 middle 가운데, 중앙

The player hit the **center** of the target.
그 선수는 과녁의 **중앙**을 맞혔다.

boss
[bɑs]

명사 **(직장의) 상사**

Ian worked with his **boss** for five years.
이안은 그의 **상사**와 5년 동안 일했다.

newspaper
[núzpèipər]

명사 **신문**

a **newspaper** article
신문 기사

학습일 1차: 월 일
2차: 월 일

need
[niːd]

동사 1. 필요하다 2. ~해야 하다

I **need** some water.
나는 물이 좀 **필요하다**.

last
[læst]

형용사 1. 마지막의 반의어 first 첫 (번)째의
2. 지난, 최근의

This is the **last** piece of the puzzle.
이것은 퍼즐의 **마지막** 조각이다.

wonderful
[wʌ́ndərfəl]

형용사 아주 멋진, 훌륭한
유의어 great 훌륭한, 멋진

The view is **wonderful**!
경치가 **아주 멋지다**!

nothing
[nʌ́θiŋ]

대명사 아무것도 ~ 아니다[없다]

I have **nothing** in my pocket.
내 주머니에는 **아무것도 없다**.
참고 nobody 아무도 ~ 않다

stadium
[stéidiəm]

명사 경기장, 스타디움

A lot of sports fans are in the **stadium**.
많은 스포츠 팬들이 **경기장**에 있다.

file
[fail]

명사 1. 파일, 서류철 2. (컴퓨터의) 파일

He put the letter in the **file**.
그는 편지를 **파일**에 넣었다.

DAY 17 DAILY TEST

A 단어를 듣고, 빈칸에 들어갈 알맞은 글자를 쓰세요.

1  b __ __ s

2  __ on __ er __ ul

3  __ e __ ter

4 

ne __ spa __ e __

5  he __ t

6  f __ le

B 우리말 뜻에 알맞은 단어가 되도록 글자를 바르게 배열하여 쓰세요.

1 마지막의; 지난 l s a t __ __ __ __

2 아무것도 ~ 아니다 n g o i t h n __ __ __ __ __ __ __

3 상, 상품 z r i p e __ __ __ __ __

4 필요하다 e n e d __ __ __ __

5 여행하다; 여행 v a r t l e __ __ __ __ __ __

6 파일, 서류철 l f e i __ __ __ __

C 그림에 알맞은 단어와 우리말 뜻을 찾아 줄을 이어 보세요.

❶		heat	중심, 중앙
❷		prize	상, 상품
❸		stadium	경기장
❹		center	열기, 열

D 우리말 뜻에 알맞은 단어를 〈보기〉에서 골라 문장을 완성하세요.

보기	boss	travel	nothing	stadium

❶ 나는 기차를 타고 **여행하는** 것을 좋아한다.
I like to ____________ by train.

❷ 내 주머니에는 **아무것도 없다**.
I have ____________ in my pocket.

❸ 많은 스포츠 팬들이 **경기장**에 있다.
A lot of sports fans are in the ____________.

❹ 이안은 그의 **상사**와 5년 동안 일했다.
Ian worked with his ____________ for five years.

DAY 18

tell
[tel]

[동사] **말하다, 이야기하다** [유의어] say 말하다

Can you **tell** me one more time?
한 번 더 **말해줄래**?

form
[fɔːrm]

[명사] **종류, 유형** [유의어] type 종류, 유형
[동사] **형성하다, 형성되다**

Ballet is a **form** of dance.
발레는 춤의 한 **종류**이다.

large
[lɑːrdʒ]

[형용사] 1. **(규모가) 큰, 넓은** 2. **(양이) 많은**
[반의어] small (규모가) 작은; (양이) 적은

Do you have this shirt in a **large** size?
이 셔츠 **큰** 사이즈로 있나요?

ticket
[tíkit]

[명사] **표, 입장권**

He bought a **ticket** for the movie.
그는 영화**표**를 샀다.

forget
[fərgét]

[동사] **잊다, 잊어버리다**
[반의어] remember 기억하다

Don't **forget** to bring your umbrella.
우산을 가져오는 걸 **잊지** 마.

shake
[ʃeik]

[동사] 1. **흔들다, 흔들리다** 2. **떨다, 떨리다**

Shake the bottle before you drink.
마시기 전에 병을 **흔들어라**.

학습일 1차: 월 일
2차: 월 일

sweet
[swiːt]

형용사 **달콤한, 단**

This candy is very **sweet.**

이 사탕은 매우 **달콤하다.**

fry
[frai]

동사 **(기름에) 튀기다, 볶다**

fry the shrimp in oil

새우를 기름에 **튀기다**

bomb
[bɑm]

명사 **폭탄**

The **bomb** went off in the city.

폭탄이 도시에서 터졌다.

along
[əlɔ́ːŋ]

전치사 **~을 따라서** 부사 **앞으로**

They are walking **along** the street.

그들은 길을 **따라서** 걷고 있다.

reporter
[ripɔ́ːrtər]

명사 **(보도) 기자, 리포터** 동사 report 보고하다

The **reporter** interviewed the coach.

기자는 그 코치를 인터뷰했다.

however
[hauévər]

부사 **그러나, 하지만**

유의어 **but** 접속사 그러나, 하지만

I was sick. **However,** I went to school.

나는 아팠다. **그러나,** 학교에 갔다.

DAY 18

DAILY TEST

A 들려주는 순서대로 일치하는 그림에 번호를 쓰고, 알맞은 단어와 이어 보세요.

ticket	reporter	sweet	tell

B 우리말 뜻에 알맞은 단어가 되도록 글자를 바르게 배열하여 쓰세요.

1. 종류, 유형 — m o f r — ___ ___ ___ ___
2. 달콤한, 단 — w e t e s — ___ ___ ___ ___ ___
3. 잊다, 잊어버리다 — g e o f t r — ___ ___ ___ ___ ___ ___
4. 큰, 넓은 — e l g r a — ___ ___ ___ ___ ___
5. 그러나, 하지만 — v w e e o h r — ___ ___ ___ ___ ___ ___ ___
6. 흔들다, 흔들리다 — k a s h e — ___ ___ ___ ___ ___

C 그림에 알맞은 단어를 쓰고 퍼즐에서 찾아 동그라미 하세요.

❶

____

❷

____

❸

____

❹

____

b	o	m	b	j	t
a	l	f	m	e	f
s	h	a	k	e	r
e	l	c	t	o	y
n	i	s	n	g	b
t	j	l	j	t	e

D 우리말 뜻에 알맞은 단어를 〈보기〉에서 골라 문장을 완성하세요.

보기 **form** **however** **forget** **along**

❶ 발레는 춤의 한 **종류**이다.
Ballet is a __________ of dance.

❷ 그들은 길을 **따라서** 걷고 있다.
They are walking __________ the street.

❸ 나는 아팠다. **그러나**, 학교에 갔다.
I was sick. __________, I went to school.

❹ 우산을 가져오는 걸 **잊지** 마.
Don't __________ to bring your umbrella.

DAY 19

club
[klʌb]

명사 동아리, 클럽

The book **club** meets every Friday.
그 독서 **동아리**는 금요일마다 만난다.

blood
[blʌd]

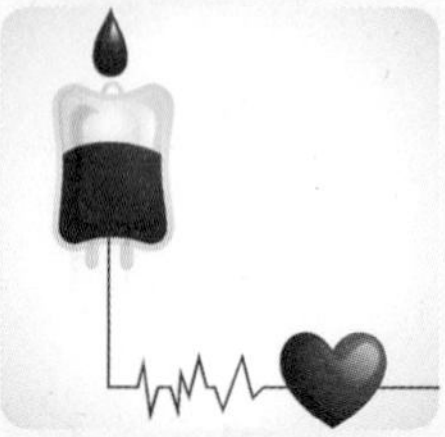

명사 피, 혈액

Blood carries oxygen around the body.
혈액은 온 몸으로 산소를 나른다.

real
[ríːəl]

형용사 1. 실제의, 현실의 2. 진짜의, 진품의
부사 really 실제로, 진짜로

Unicorns are not **real**.
유니콘은 **실제**가 아니다.

same
[seim]

형용사 (똑)같은 반의어 different 다른, 차이가 나는

They are wearing the **same** clothes.
그들은 **똑같은** 옷을 입고 있다.

subway
[sʌ́bwèi]

명사 지하철

Let's take the **subway** to the airport.
공항까지 **지하철**을 타자.

mathematics
[mæ̀θəmǽtiks]

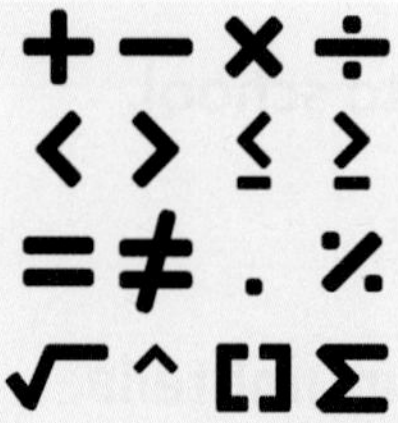

명사 수학 (= math)

I'm not good at **mathematics**.
나는 **수학**을 잘하지 못한다.

학습일 1차: 월 일
2차: 월 일

fill
[fil]

동사 **채우다**

Fill the bucket with sand.
양동이를 모래로 **채워라**.

oil
[ɔil]

명사 1. **(연료) 기름** 2. **(먹는) 기름**

put **oil** in the car
차에 **기름**을 넣다

lady
[léidi]

명사 **여자분, 여성, 숙녀**

The **lady** at the store is very kind.
그 가게의 **여자분**은 매우 친절하시다.
참고 gentleman 남자분, 신사

hurry
[hə́:ri]

동사 **서두르다**

You don't have to **hurry**.
서두를 필요 없어.

control
[kəntróul]

동사 **지배하다, 통제하다**
명사 **지배(권), 통제(력)**

The king **controlled** the country.
왕이 그 나라를 **지배했다**.

vegetable
[védʒətəbl]

명사 **채소, 야채**

You should eat more **vegetables**.
너는 **채소**를 더 먹어야 해.

DAY 19 DAILY TEST

A 단어를 듣고, 빈칸에 들어갈 알맞은 글자를 쓰세요.

❶  __ady

❷  ve__eta__l__

❸  f__ll

❹  su__ __ay

❺ 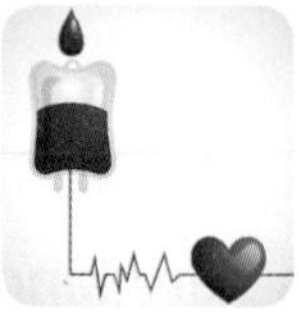 __lo__d

❻  __at__ema__ics

B 우리말 뜻에 알맞은 단어가 되도록 글자를 바르게 배열하여 쓰세요.

❶ 동아리, 클럽 | b l c u | __ __ __ __

❷ 기름 | i o l | __ __ __

❸ 피, 혈액 | d o l o b | __ __ __ __ __

❹ (똑)같은 | m e s a | __ __ __ __

❺ 실제의, 현실의 | e a l r | __ __ __ __

❻ 지배하다, 통제하다 | l o o t n c r | __ __ __ __ __ __ __

C 그림에 알맞은 단어와 우리말 뜻을 찾아 줄을 이어 보세요.

❶ 	club	채우다
❷ 	fill	동아리, 클럽
❸ 	hurry	서두르다
❹ 	oil	기름

D 우리말 뜻에 알맞은 단어를 〈보기〉에서 골라 문장을 완성하세요.

보기 same real hurry vegetables

❶ **서두를** 필요 없어.
You don't have to ____________.

❷ 유니콘은 **실제**가 아니다.
Unicorns are not ____________.

❸ 너는 **채소**를 더 먹어야 해.
You should eat more ____________.

❹ 그들은 **똑같은** 옷을 입고 있다.
They are wearing the ____________ clothes.

DAY 20

carry
[kǽri]

동사 1. 나르다, 운반하다 2. 가지고 다니다

I can **carry** these boxes.

나는 이 상자들을 **나를** 수 있다.

bottom
[bɑ́təm]

명사 맨 아래, 바닥 형용사 맨 아래의

반의어 top 맨 위, 꼭대기; 맨 위의

He dived to the **bottom** of the sea.

그는 바다 **맨 아래**로 잠수했다.

danger
[déindʒər]

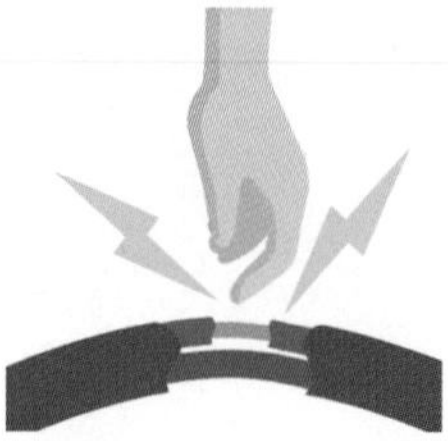

명사 위험 형용사 dangerous 위험한

There is a **danger** of fire.

화재의 **위험**이 있다.

giant
[dʒáiənt]

형용사 거대한 유의어 huge 거대한, 막대한

명사 거인

a movie about a **giant** gorilla

거대한 고릴라에 대한 영화

enough
[inʌ́f]

형용사 충분한 부사 충분히

We have **enough** food for the party.

우리에게는 파티를 위한 **충분한** 음식이 있다.

gentleman
[dʒéntlmən]

명사 남자분, 신사

Take this **gentleman** to my office.

이 **남자분**을 제 사무실로 데려가 주세요.

학습일 1차: 월 일 2차: 월 일

spicy
[spáisi]

형용사 **매운, 매콤한** 유의어 hot 매운

This soup is **spicy** and salty.
이 수프는 **맵고** 짜다.

nature
[néitʃər]

명사 **자연** 형용사 natural 자연의

We must take care of **nature.**
우리는 **자연**을 돌봐야 한다.

order
[ɔ́ːrdər]

명사 **순서**
동사 1. **명령하다** 2. **(음식을) 주문하다**

They are standing in **order** of height.
그들은 키 **순서**대로 서 있다.

wall
[wɔːl]

명사 1. **벽** 2. **담**

The man is painting the **wall.**
남자가 **벽**에 페인트칠하고 있다.

terrible
[térəbl]

형용사 1. **끔찍한** 2. **형편없는**

I woke up from a **terrible** dream.
나는 **끔찍한** 꿈에서 깨어났다.

congratulate
[kəngrǽtʃulèit]

동사 **축하하다**

He **congratulated** me on graduating.
그는 내가 졸업하는 것을 **축하해주었다.**

DAY 20
DAILY TEST

A 들려주는 순서대로 일치하는 그림에 번호를 쓰고, 알맞은 단어와 이어 보세요.

bottom　　terrible　　order　　gentleman

B 우리말 뜻에 알맞은 단어가 되도록 글자를 바르게 배열하여 쓰세요.

❶ 벽; 담　l a w l　____ ____ ____ ____

❷ 나르다, 운반하다　r c y r a　____ ____ ____ ____ ____

❸ 위험　r n d a e g　____ ____ ____ ____ ____ ____

❹ 거대한; 거인　n i g t a　____ ____ ____ ____ ____

❺ 충분한; 충분히　e o u n h g　____ ____ ____ ____ ____ ____

❻ 맨 아래, 바닥　o b t o t m　____ ____ ____ ____ ____ ____

C 그림에 알맞은 단어를 쓰고 퍼즐에서 찾아 동그라미 하세요.

❶ 

____

❷ 

____

❸ 

____

❹ 

____

n	d	w	l	e	b
s	a	m	a	r	o
p	n	t	f	l	s
i	g	d	u	e	l
c	e	z	y	r	l
y	r	s	f	c	e

D 우리말 뜻에 알맞은 단어를 〈보기〉에서 골라 문장을 완성하세요.

보기 order congratulated gentleman carry

❶ 나는 이 상자들을 **나를** 수 있다.
I can ___________ these boxes.

❷ 이 **남자분**을 제 사무실로 데려가 주세요.
Take this ___________ to my office.

❸ 그는 내가 졸업하는 것을 **축하해주었다.**
He ___________ me on graduating.

❹ 그들은 키 **순서**대로 서 있다.
They are standing in ___________ of height.

DAY 17 - 20

REVIEW TEST

A 각 영어 단어의 우리말 뜻을 쓰세요.

❶ wonderful	________	❷ heat	________
❸ carry	________	❹ along	________
❺ need	________	❻ nothing	________
❼ control	________	❽ travel	________
❾ however	________	❿ hurry	________
⓫ bottom	________	⓬ congratulate	________
⓭ shake	________	⓮ form	________
⓯ last	________	⓰ lady	________

B 우리말 뜻에 맞는 영어 단어를 고르세요.

❶	거대한; 거인	① strong	② serious	③ giant
❷	수학	① mathematics	② business	③ information
❸	(기름에) 튀기다, 볶다	① fry	② cover	③ break
❹	상, 상품	① rule	② base	③ prize
❺	말하다, 이야기하다	① guess	② tell	③ show
❻	(직장의) 상사	① boss	② reporter	③ wife
❼	실제의, 현실의	① safe	② real	③ special
❽	채소, 야채	① vegetable	② rice	③ beef
❾	표, 입장권	① score	② ticket	③ file
❿	남자분, 신사	① hero	② lady	③ gentleman

C 우리말 뜻에 맞는 영어 단어를 쓰세요.

1. (보도) 기자, 리포터 ______
2. 신문 ______
3. 파일, 서류철 ______
4. 충분한; 충분히 ______
5. 채우다 ______
6. 끔찍한; 형편없는 ______
7. 폭탄 ______
8. 벽; 담 ______
9. 순서; 명령하다 ______
10. 경기장, 스타디움 ______
11. 자연 ______
12. 잊다, 잊어버리다 ______
13. 지하철 ______
14. 동아리, 클럽 ______
15. 달콤한, 단 ______
16. 피, 혈액 ______
17. 위험 ______
18. 기름 ______

D 주어진 단어와 반대인 뜻을 가진 단어를 〈보기〉에서 골라 쓰세요.

보기	first	small	different

1. large ______
2. same ______
3. last ______

E 주어진 단어와 비슷한 뜻을 가진 단어를 〈보기〉에서 골라 쓰세요.

보기	hot	great	middle

1. spicy ______
2. center ______
3. wonderful ______

· Vocabulary with Pictures ·

CLOTHES

Q: What are you going to wear?
A: I will wear my sweater and skirt.

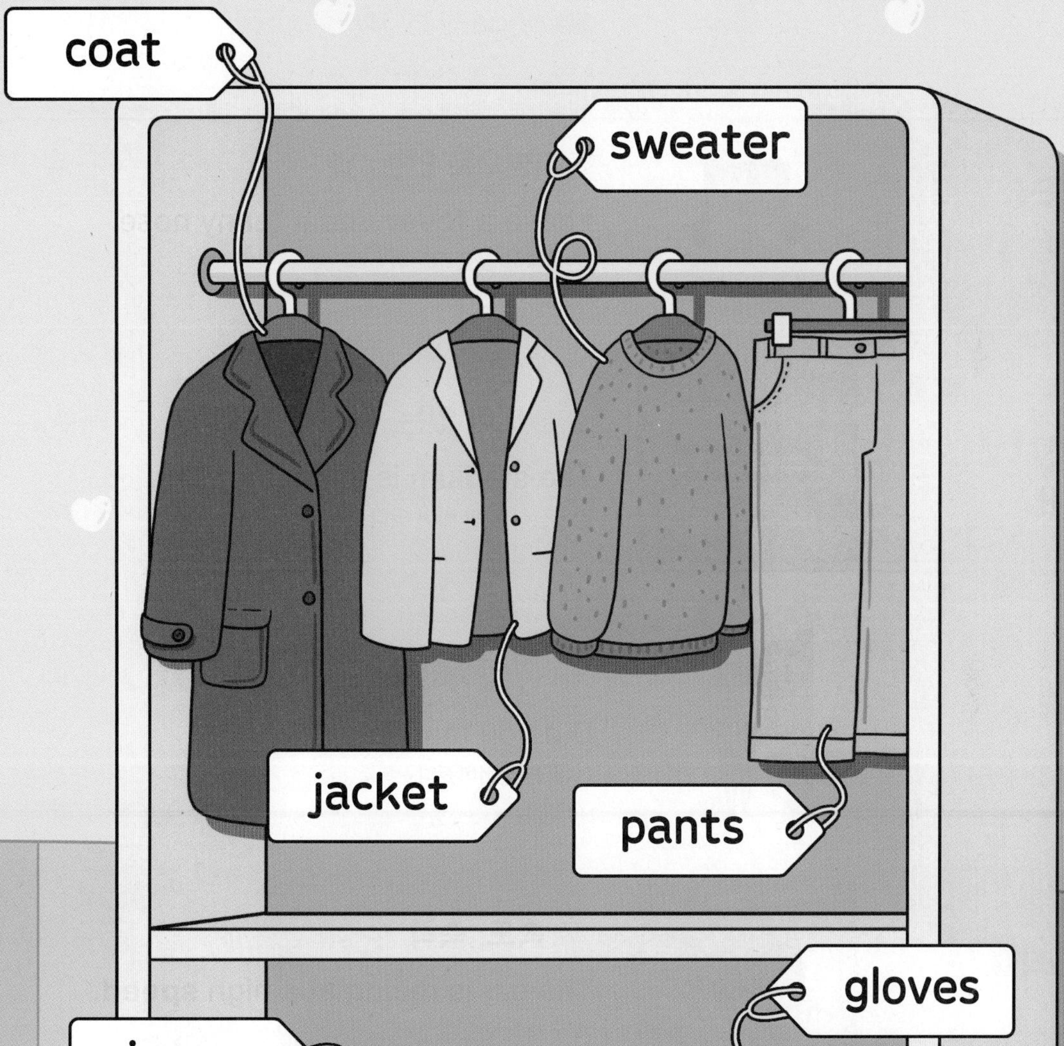

DAY 21

twice
[twais]

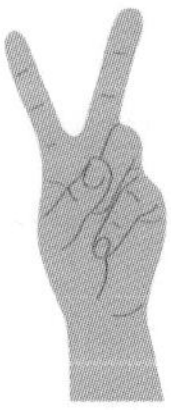

부사 1. **두 번, 2회** 2. **두 배로**

I watched that movie **twice.**
나는 그 영화를 **두 번** 봤다.
참고 once 한 번, 1회

fever
[fíːvər]

명사 **(병으로 인한) 열**

I have a **fever** and a runny nose.
나는 **열**이 있고 콧물이 난다.

empty
[émpti]

형용사 **비어 있는, 빈** 반의어 full 가득 찬, 가득한

The stadium is almost **empty.**
경기장이 거의 **비어 있다.**

lose
[luːz]

동사 1. **잃어버리다** 2. **지다** 반의어 win 이기다

Did you **lose** your key?
너 열쇠 **잃어버렸니?**

speed
[spiːd]

명사 **속도, 속력**

The car is racing at a high **speed.**
차가 빠른 **속도**로 달리고 있다.

salty
[sɔ́ːlti]

형용사 **짠, 짭짤한** 명사 salt 소금

This soup is too **salty** for me.
이 수프는 나에게 너무 **짜다.**

학습일	1차: 월 일
	2차: 월 일

noodle
[núːdl]

명사 **국수**

I ate **noodles** for dinner.
나는 저녁으로 **국수**를 먹었다.

main
[mein]

형용사 **주된, 주요한** 부사 mainly 주로

He is the **main** character in the drama.
그는 드라마에서 **주요한** 등장인물이다.

design
[dizáin]

명사 **디자인** 동사 **디자인하다, 설계하다**
명사 designer 디자이너

This cell phone has a simple **design.**
이 휴대전화는 단순한 **디자인**을 가졌다.

accent
[ǽksènt]

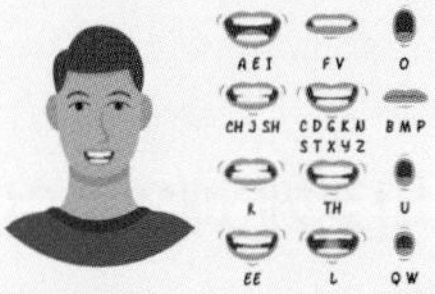

명사 **1. 억양, 말투 2. 강세, 악센트**

He has a strong French **accent.**
그는 강한 프랑스어 **억양**을 가지고 있다.

fresh
[freʃ]

형용사 **신선한**

I made salad with **fresh** vegetables.
나는 **신선한** 채소로 샐러드를 만들었다.

elementary
[èləméntəri]

형용사 **1. 초보의, 초급의 2. 기본적인**

an **elementary** English class
초급 영어 수업

DAY 21 DAILY TEST

A 단어를 듣고, 빈칸에 들어갈 알맞은 글자를 쓰세요.

❶  fre__h

❷  t__ic__

❸ 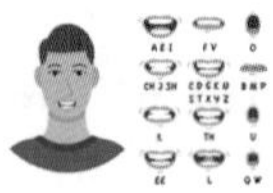 ac__en__

❹  n__od__e

❺  s__ee__

❻ 

e__eme__tar__

B 우리말 뜻에 알맞은 단어가 되도록 글자를 바르게 배열하여 쓰세요.

❶ 디자인 | s n g d e i | ___ ___ ___ ___ ___ ___

❷ 비어 있는, 빈 | m y e p t | ___ ___ ___ ___ ___

❸ 열 | v r e e f | ___ ___ ___ ___ ___

❹ 국수 | o n d o e l | ___ ___ ___ ___ ___ ___

❺ 잃어버리다 | e o s l | ___ ___ ___ ___

❻ 주된, 주요한 | m n a i | ___ ___ ___ ___

C 그림에 알맞은 단어와 우리말 뜻을 찾아 줄을 이어 보세요.

❶ 	salty	잃어버리다
❷ 	fresh	신선한
❸ 	lose	열
❹ 	fever	짠, 짭짤한

D 우리말 뜻에 알맞은 단어를 〈보기〉에서 골라 문장을 완성하세요.

보기	main	accent	twice	design

❶ 나는 그 영화를 **두 번** 봤다.

I watched that movie ______________.

❷ 그는 강한 프랑스어 **억양**을 가지고 있다.

He has a strong French ______________.

❸ 이 휴대전화는 단순한 **디자인**을 가졌다.

This cell phone has a simple ______________.

❹ 그는 드라마에서 **주요한** 등장인물이다.

He is the ______________ character in the drama.

DAY 22

east
[iːst]

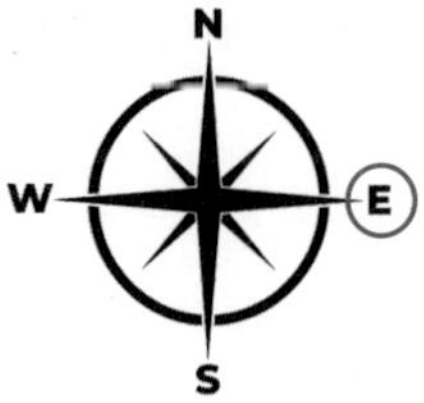

명사 **동쪽** 형용사 **동쪽의**

The sun comes up in the **east**.
해는 **동쪽**에서 뜬다.

invite
[inváit]

동사 **초대하다** 명사 invitation 초대(장)

We **invited** our neighbors to lunch.
우리는 이웃들을 점심 식사에 **초대했다**.

kid
[kid]

명사 **아이, 어린이** 유의어 child 아이, 어린이

The **kid** is four years old.
그 **아이**는 네 살이다.

future
[fjúːtʃər]

명사 **미래, 장래** 형용사 **미래의, 장래의**

What do you want to be in the **future**?
너는 **미래**에 어떤 사람이 되고 싶어?

below
[bilóu]

전치사 **~보다 아래에** 부사 **아래에, 아래로**
반의어 above ~보다 위에; 위에, 위로

The kitchen is **below** my room.
부엌은 내 방 **아래에** 있다.

thousand
[θáuzənd]

1000

명사 **1000, 천**

three **thousand**
3000, 삼천

학습일 1차: 월 일
2차: 월 일

type
[taip]

명사 **종류, 유형** 유의어 kind 종류

different **types** of trees

나무의 각기 다른 **종류들**

face
[feis]

명사 **얼굴**

He covered his **face** with a mask.

그는 마스크로 **얼굴**을 가렸다.

gesture
[dʒéstʃər]

명사 **몸짓, 제스처**

This **gesture** means “good.”

이 **몸짓**은 “좋다”를 뜻한다.

mix
[miks]

동사 **섞다, 섞이다**

Mix eggs and milk in a bowl.

그릇에 달걀과 우유를 **섞어라**.

brake
[breik]

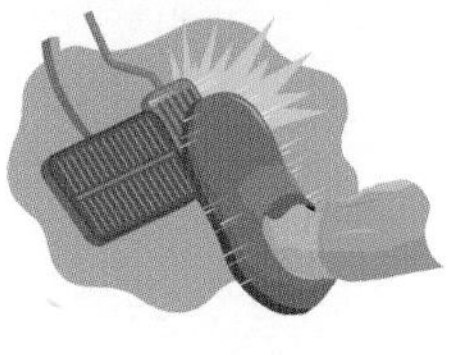

명사 **브레이크, 제동 장치**

The driver suddenly put on the **brakes**.

그 운전자는 갑자기 **브레이크**를 밟았다.

excited
[iksáitid]

형용사 **신이 난, 들뜬** 형용사 exciting 흥미진진한

I’m so **excited** about the trip.

난 여행 갈 생각에 매우 **신이 난다**.

DAY 22

DAILY TEST

A 들려주는 순서대로 일치하는 그림에 번호를 쓰고, 알맞은 단어와 이어 보세요.

1000

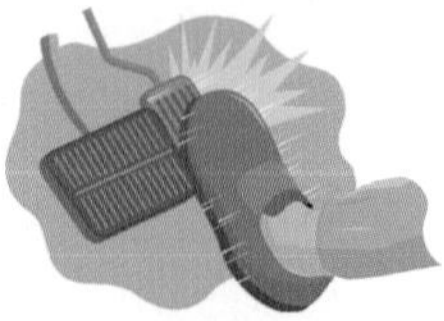

thousand   kid   brake   mix

B 우리말 뜻에 알맞은 단어가 되도록 글자를 바르게 배열하여 쓰세요.

❶ 초대하다 | i t v e n i | ___ ___ ___ ___ ___ ___

❷ 종류, 유형 | y t e p | ___ ___ ___ ___

❸ 몸짓, 제스처 | e s g t e r u | ___ ___ ___ ___ ___ ___ ___

❹ 동쪽; 동쪽의 | s a e t | ___ ___ ___ ___

❺ 미래, 장래 | f t e u r u | ___ ___ ___ ___ ___ ___

❻ ~보다 아래에 | b l w o e | ___ ___ ___ ___ ___

C 그림에 알맞은 단어를 쓰고 퍼즐에서 찾아 동그라미 하세요.

❶ 

____

❷ 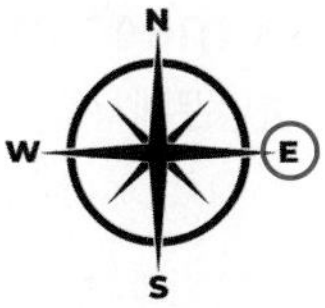

____

❸ 

____

❹ 

____

f	c	p	z	b	e	e
e	a	s	t	t	h	x
p	b	c	i	r	m	c
k	p	v	e	y	i	i
l	n	p	s	x	h	t
i	s	z	b	j	i	e
a	h	a	f	i	g	d

D 우리말 뜻에 알맞은 단어를 〈보기〉에서 골라 문장을 완성하세요.

보기	future	excited	mix	below

❶ 부엌은 내 방 **아래에** 있다.
The kitchen is ______________ my room.

❷ 너는 **미래**에 어떤 사람이 되고 싶어?
What do you want to be in the ______________?

❸ 그릇에 달걀과 우유를 **섞어라**.
______________ eggs and milk in a bowl.

❹ 난 여행 갈 생각에 매우 **신이 난다**.
I'm so ______________ about the trip.

DAY 23

gate
[geit]

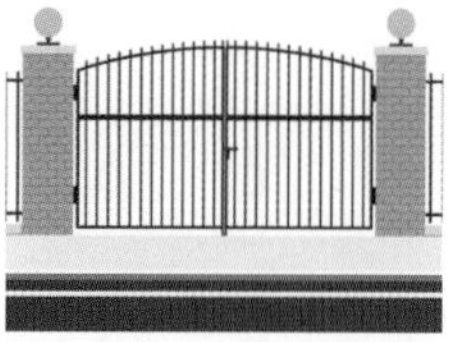

명사 1. **출입문, 문** 2. **(공항의) 탑승구**

Let's meet at the east **gate**.

동쪽 **출입문**에서 만나자.

cycle
[sáikl]

명사 **순환, 주기**

the **cycle** of the seasons

계절의 **순환**

brand
[brænd]

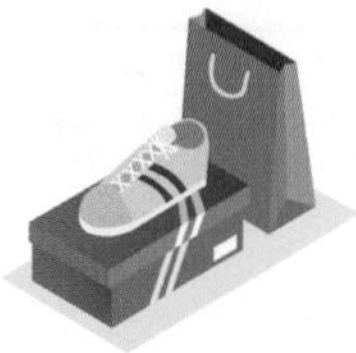

명사 **상표, 브랜드**

Which **brand** of shoes do you wear?

넌 어떤 **브랜드**의 신발을 신니?

field
[fi:ld]

명사 **들판, 밭**

The farmer is working in a corn **field**.

농부가 옥수수**밭**에서 일하고 있다.

shout
[ʃaut]

동사 **소리치다, 외치다** 유의어 yell 소리치다

Don't **shout** at me.

나한테 **소리치지** 마.

north
[nɔːrθ]

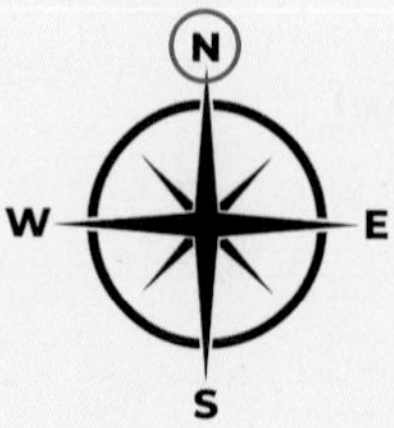

명사 **북쪽** 형용사 **북쪽의**

Sweden is in the **north** of Europe.

스웨덴은 유럽의 **북쪽**에 있다.

학습일	
	1차: 월 일
	2차: 월 일

middle
[mídl]

[명사] **가운데, 중앙** [형용사] **가운데의, 중앙의**

He stood in the **middle** of the room.
그는 방 **가운데**에 서 있었다.

medicine
[médisn]

[명사] 1. **약** 2. **의학** [형용사] medical 의학의

Take this **medicine** twice a day.
이 **약**을 하루에 두 번 드세요.

present
[préznt]

[형용사] 1. **현재의** 2. **참석[출석]한**

What is your **present** job?
당신의 **현재** 직업은 무엇입니까?
[참고] past 과거의 future 미래의

throw
[θrou]

[동사] **던지다**

He is **throwing** a ball.
그는 공을 **던지고** 있다.

far
[fɑːr]

[부사] **멀리** [형용사] **먼** [반의어] near 가까이; 가까운

Her house is **far** from here.
그녀의 집은 여기에서 **멀다**.

bakery
[béikəri]

[명사] **빵집, 제과점**

I bought some bread in the **bakery**.
나는 **빵집**에서 빵을 좀 샀다.

DAY 23 DAILY TEST

A 단어를 듣고, 빈칸에 들어갈 알맞은 글자를 쓰세요.

1  me__i__i__e

2 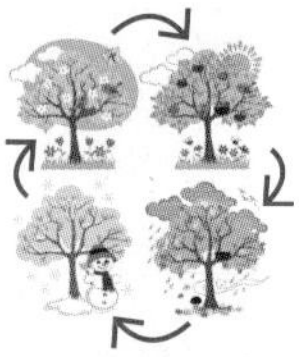 c__cle

3  ba__er__

4  __hou__

5  f__el__

6 

__res__nt

B 우리말 뜻에 알맞은 단어가 되도록 글자를 바르게 배열하여 쓰세요.

1 북쪽; 북쪽의 h t o r n ___ ___ ___ ___ ___

2 상표, 브랜드 r a b n d ___ ___ ___ ___ ___

3 멀리; 먼 r a f ___ ___ ___

4 던지다 t w h o r ___ ___ ___ ___ ___

5 들판, 밭 e l f i d ___ ___ ___ ___ ___

6 가운데, 중앙 i m d d e l ___ ___ ___ ___ ___ ___

C 그림에 알맞은 단어와 우리말 뜻을 찾아 줄을 이어 보세요.

❶ 	medicine	멀리; 먼
❷ 	gate	던지다
❸ 	far	출입문, 문
❹ 	throw	약; 의학

D 우리말 뜻에 알맞은 단어를 〈보기〉에서 골라 문장을 완성하세요.

보기	present	bakery	shout	north

❶ 나한테 **소리치지** 마.
Don't ____________ at me.

❷ 당신의 **현재** 직업은 무엇입니까?
What is your ____________ job?

❸ 나는 **빵집**에서 빵을 좀 샀다.
I bought some bread in the ____________.

❹ 스웨덴은 유럽의 **북쪽**에 있다.
Sweden is in the ____________ of Europe.

DAY 24

west
[west]

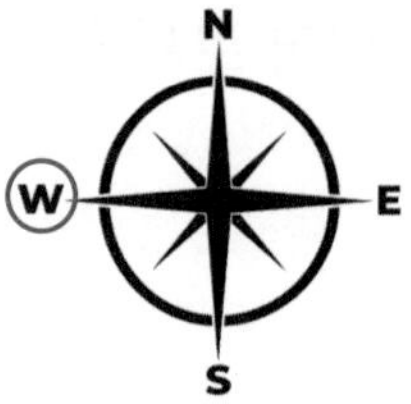

명사 서쪽 형용사 서쪽의

Los Angeles is in the **west** of the US.
로스앤젤레스는 미국의 **서쪽**에 있다.

become
[bikʌ́m]

동사 ~이 되다, ~해지다

His dream is to **become** a teacher.
그의 꿈은 선생님**이 되는** 것이다.

wild
[waild]

형용사 야생의, 자연 그대로의

wild plants and animals
야생 식물과 동물들

if
[if]

접속사 (만약) ~라면

Get some rest **if** you are tired.
피곤하**다면** 좀 쉬어라.

protect
[prətékt]

동사 보호하다, 지키다 명사 protection 보호

We have to **protect** nature.
우리는 자연을 **보호해야** 한다.

castle
[kǽsl]

명사 성

Tourists visit old **castles** in Europe.
관광객들은 유럽에서 오래된 **성**들을 방문한다.

학습일 1차: 월 일
2차: 월 일

bat
[bæt]

명사 **방망이, 배트**

a baseball **bat**
야구 **방망이**

reason
[ríːzn]

명사 **이유, 까닭**

Tell me the **reason** why you were late.
네가 늦은 **이유**를 말해줘.

leaf
[liːf]

명사 **잎, 나뭇잎**

I picked up a **leaf** from the ground.
나는 바닥에서 **나뭇잎**을 주웠다.

amazing
[əméiziŋ]

형용사 **놀라운, 굉장한**
유의어 wonderful 아주 멋진, 훌륭한

Today's concert was **amazing**!
오늘 콘서트는 **굉장했어**!

power
[páuər]

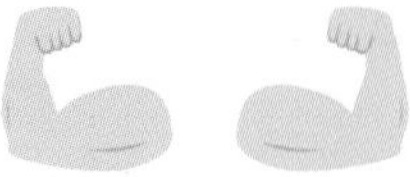

명사 **힘, 능력** 형용사 powerful 강한, 강력한

I want to improve my muscle **power**.
나는 근육의 **힘**을 키우고 싶다.

grandparent
[grǽndpɛ̀ərənt]

명사 **조부모(할아버지와 할머니)**

I live with my **grandparents**.
나는 **조부모**님과 같이 산다.
참고 parent 부모

DAY 24

DAILY TEST

A 들려주는 순서대로 일치하는 그림에 번호를 쓰고, 알맞은 단어와 이어 보세요.

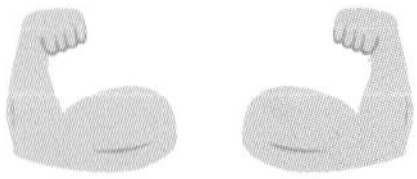

bat	amazing	power	grandparent

B 우리말 뜻에 알맞은 단어가 되도록 글자를 바르게 배열하여 쓰세요.

❶ 야생의	i w d l	___ ___ ___ ___
❷ 보호하다, 지키다	t e c p r t o	___ ___ ___ ___ ___ ___ ___
❸ 서쪽; 서쪽의	e w t s	___ ___ ___ ___
❹ 놀라운, 굉장한	a n m a g i z	___ ___ ___ ___ ___ ___ ___
❺ 이유, 까닭	e o s r a n	___ ___ ___ ___ ___ ___
❻ 힘, 능력	e r p w o	___ ___ ___ ___ ___

C 그림에 알맞은 단어를 쓰고 퍼즐에서 찾아 동그라미 하세요.

❶ 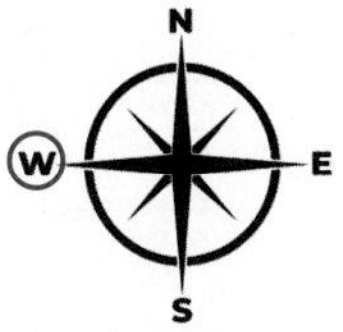

____

❷ 

____

❸ 

____

❹ 

____

w	w	n	e	p	b	c
m	r	e	a	r	a	y
l	p	i	s	o	r	d
d	c	a	s	t	l	e
a	h	u	l	e	a	f
o	u	b	d	c	r	h
y	a	z	y	t	t	i

D 우리말 뜻에 알맞은 단어를 〈보기〉에서 골라 문장을 완성하세요.

보기	if	become	grandparents	castles

❶ 나는 **조부모님**과 같이 산다.
I live with my ________.

❷ 그의 꿈은 선생님**이 되는** 것이다.
His dream is to ________ a teacher.

❸ 피곤하**다면** 좀 쉬어라.
Get some rest ________ you are tired.

❹ 관광객들은 유럽에서 오래된 **성**들을 방문한다.
Tourists visit old ________ in Europe.

DAY 21-24

REVIEW TEST

A 각 영어 단어의 우리말 뜻을 쓰세요.

1	excited	________	2	become	________
3	power	________	4	design	________
5	mix	________	6	middle	________
7	gate	________	8	type	________
9	castle	________	10	fever	________
11	elementary	________	12	present	________
13	west	________	14	far	________
15	main	________	16	bat	________

B 우리말 뜻에 맞는 영어 단어를 고르세요.

1	북쪽; 북쪽의	① north	② west	③ east
2	순환, 주기	① rule	② base	③ cycle
3	신선한	① real	② fresh	③ colorful
4	1000, 천	① bill	② hundred	③ thousand
5	짠, 짭짤한	① sweet	② salty	③ spicy
6	야생의, 자연 그대로의	① strong	② ready	③ wild
7	억양, 말투	① accent	② score	③ sentence
8	빵집, 제과점	① church	② bakery	③ station
9	미래, 장래	① present	② future	③ past
10	두 번, 2회	① twice	② once	③ often

C 우리말 뜻에 맞는 영어 단어를 쓰세요.

1. 속도, 속력 ____________
2. 조부모 ____________
3. 비어 있는, 빈 ____________
4. 신선한 ____________
5. 몸짓, 제스처 ____________
6. 보호하다, 지키다 ____________
7. 국수 ____________
8. (만약) ~라면 ____________
9. 얼굴 ____________
10. 초대하다 ____________
11. 상표, 브랜드 ____________
12. 들판, 밭 ____________
13. 브레이크, 제동 장치 ____________
14. 이유, 까닭 ____________
15. 잎, 나뭇잎 ____________
16. 동쪽; 동쪽의 ____________
17. 약; 의학 ____________
18. 던지다 ____________

D 주어진 단어와 반대인 뜻을 가진 단어를 〈보기〉에서 골라 쓰세요.

보기	above	full	win

1. lose ____________
2. below ____________
3. empty ____________

E 주어진 단어와 비슷한 뜻을 가진 단어를 〈보기〉에서 골라 쓰세요.

보기	wonderful	child	yell

1. amazing ____________
2. shout ____________
3. kid ____________

DAY 25

spend
[spend]

동사 1. (돈을) 쓰다 2. (시간을) 보내다

I **spend** a lot of money on clothes.

나는 옷에 많은 돈을 **쓴다**.

bite
[bait]

동사 물다 명사 한 입(의 양)

My dog doesn't **bite** people.

우리 개는 사람을 **물지** 않는다.

pear
[pɛər]

명사 배

A **pear** is a sweet and juicy fruit.

배는 달콤하고 과즙이 많은 과일이다.

chance
[tʃæns]

명사 1. 가능성 2. 기회

Is there any **chance** of rain today?

오늘 비가 올 **가능성**이 있을까?

taste
[teist]

명사 맛 동사 맛이 나다 형용사 tasty 맛있는

The medicine has a bitter **taste**.

그 약은 쓴**맛**이 난다.

end
[end]

명사 끝, 마지막 동사 끝나다, 끝내다

유의어 finish 끝, 마지막; 끝내다, 마치다

the **end** of the race

경주의 **끝**

straight
[streit]

부사 **똑바로, 곧장**
형용사 **곧은, 일직선의** 반의어 curly 곱슬곱슬한

Go **straight** for two blocks.
두 블록을 **곧장** 가세요.

adult
[ədʌ́lt]

명사 **성인, 어른**

The ticket is twenty dollars for an **adult**.
성인 표는 20달러이다.

world
[wəːrld]

명사 **세계**

He travels all around the **world**.
그는 전 **세계**를 여행한다.

different
[dífərənt]

형용사 1. **다른, 차이가 나는** 반의어 same (똑)같은
2. **여러 가지의**

These roses have **different** colors.
이 장미들은 **다른** 색을 가지고 있다.

actor
[ǽktər]

명사 **배우**

He is a famous **actor** in Korea.
그는 한국에서 유명한 **배우**다.

참고 actress 여배우

headache
[hédèik]

명사 **두통**

I have a bad **headache**.
나는 심한 **두통**이 있다.

DAY 25

DAILY TEST

A 단어를 듣고, 빈칸에 들어갈 알맞은 글자를 쓰세요.

❶  st__ai__ht

❷  __if__ere__t

❸  bi__e

❹  pe__r

❺  __ea__a__he

❻  wo____d

B 우리말 뜻에 알맞은 단어가 되도록 글자를 바르게 배열하여 쓰세요.

❶ 가능성; 기회 | a h n c e c | ___ ___ ___ ___ ___ ___

❷ 맛; 맛이 나다 | e t t a s | ___ ___ ___ ___ ___

❸ 배우 | o r t a c | ___ ___ ___ ___ ___

❹ (돈을) 쓰다 | p e n s d | ___ ___ ___ ___ ___

❺ 물다 | t b e i | ___ ___ ___ ___

❻ 성인, 어른 | a l t u d | ___ ___ ___ ___ ___

C 그림에 알맞은 단어와 우리말 뜻을 찾아 줄을 이어 보세요.

① 	taste	맛; 맛이 나다
② 	adult	두통
③ 	headache	끝, 마지막
④ 	end	성인, 어른

D 우리말 뜻에 알맞은 단어를 〈보기〉에서 골라 문장을 완성하세요.

보기	spend	chance	different	straight

① 두 블록을 **곧장** 가세요.

Go ______________ for two blocks.

② 오늘 비가 올 **가능성**이 있을까?

Is there any ______________ of rain today?

③ 이 장미들은 **다른** 색을 가지고 있다.

These roses have ______________ colors.

④ 나는 옷에 많은 돈을 **쓴다.**

I ______________ a lot of money on clothes.

DAY 26

roof
[ruːf]

명사 **지붕**

The cat is on the **roof**.

고양이가 **지붕** 위에 있다.

add
[æd]

동사 **1. 추가하다 2. (수를) 더하다, 합하다**

add water to soup

수프에 물을 **추가하다**

exit
[égzit]

명사 **출구** 반의어 entrance 입구

He ran to the **exit**.

그는 **출구**로 달려갔다.

during
[djúəriŋ]

전치사 **[특정 기간] ~ 동안 (내내)**

I stayed at home **during** the weekend.

나는 주말 **동안** 집에 머물렀다.

참고 for ~ 동안

only
[óunli]

부사 **오직, 단지** 형용사 **유일한**

Only one person was on the bus.

오직 한 사람만 버스에 있었다.

huge
[hjuːdʒ]

형용사 **거대한, 막대한** 반의어 tiny 아주 작은

A **huge** whale swam near my boat.

거대한 고래 한 마리가 내 보트 근처에서 헤엄쳤다.

학습일 1차: 월 일
2차: 월 일

burn
[bəːrn]

동사 (불에) 타다, 태우다

burn wood in the fireplace
벽난로에 나무를 **태우다**

weather
[wéðər]

명사 날씨

How is the **weather** today?
오늘 **날씨** 어때?

toothache
[túːθèik]

명사 치통

I can't eat because of a **toothache.**
나는 **치통** 때문에 먹을 수가 없다.

cost
[kɔːst]

명사 비용, 값 유의어 price 값, 가격
동사 (비용·값이) 들다

The total **cost** is ten dollars.
총 **비용**은 10달러이다.

accident
[ǽksidənt]

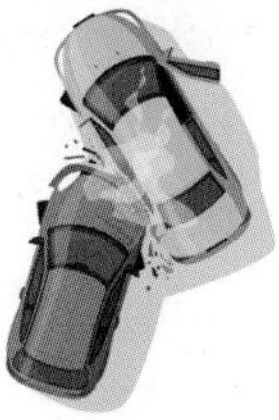

명사 1. 사고 2. 우연(한 사건)

They had a car **accident** this morning.
그들은 오늘 아침에 자동차 **사고**를 당했다.

teenager
[tíːnèidʒər]

명사 십 대 (= teen)

My friends and I are **teenagers.**
내 친구들과 나는 **십 대들**이다.

DAY 26 DAILY TEST

A 들려주는 순서대로 일치하는 그림에 번호를 쓰고, 알맞은 단어와 이어 보세요.

burn　　toothache　　exit　　weather

B 우리말 뜻에 알맞은 단어가 되도록 글자를 바르게 배열하여 쓰세요.

1. ~ 동안 (내내)　r i u d n g　_ _ _ _ _ _
2. 십 대　g t e n r e a e　_ _ _ _ _ _ _ _
3. 사고; 우연　c d t c n a e i　_ _ _ _ _ _ _ _
4. (불에) 타다　b n u r　_ _ _ _
5. 비용, 값　c t s o　_ _ _ _
6. 출구　x i t e　_ _ _ _

C 그림에 알맞은 단어를 쓰고 퍼즐에서 찾아 동그라미 하세요.

1 
____

2 
____

3 
____

4 
____

r	h	d	c	t	q	o
t	o	q	z	b	t	n
n	b	o	x	z	w	l
z	r	z	f	l	a	y
h	u	g	e	i	a	c
z	j	f	c	y	d	e
l	a	p	g	x	d	t

D 우리말 뜻에 알맞은 단어를 〈보기〉에서 골라 문장을 완성하세요.

보기 **during** **only** **toothache** **cost**

1 나는 **치통** 때문에 먹을 수가 없다.
I can't eat because of a __________.

2 나는 주말 **동안** 집에 머물렀다.
I stayed at home __________ the weekend.

3 총 **비용**은 10달러이다.
The total __________ is ten dollars.

4 **오직** 한 사람만 버스에 있었다.
__________ one person was on the bus.

DAY 27

drop
[drɑp]

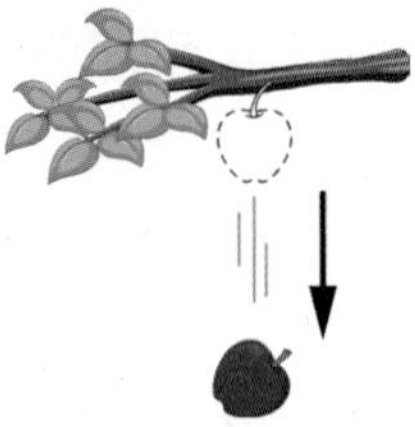

동사 **떨어지다, 떨어뜨리다** 유의어 fall 떨어지다

An apple **dropped** from the tree.
사과 하나가 나무에서 **떨어졌다**.

guide
[gaid]

명사 **안내인, 가이드** 동사 **안내하다**

She works as a mountain **guide**.
그녀는 산악 **안내인**으로 일한다.

bone
[boun]

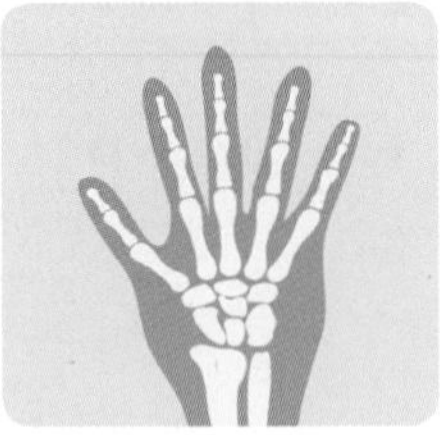

명사 **뼈**

I broke a **bone** in my hand.
나는 손**뼈**가 부러졌다.

vacation
[veikéiʃən]

명사 **휴가, 방학** 유의어 holiday 휴가

I will go to the beach for my **vacation**.
나는 **휴가** 때 바닷가에 갈 것이다.

collect
[kəlékt]

동사 **모으다, 수집하다** 명사 collection 수집

My brother **collects** toys.
내 남동생은 장난감을 **모은다**.

clever
[klévər]

형용사 **영리한, 똑똑한** 유의어 smart 똑똑한, 영리한

You are such a **clever** boy!
너는 정말 **영리한** 소년이구나!

학습일 1차: 월 일
2차: 월 일

side
[said]

명사 1. **쪽, 측** 2. **옆면, 측면**

the right **side** of the face
얼굴의 오른**쪽**

agree
[əgríː]

동사 **동의하다** 반의어 disagree 동의하지 않다

I **agree** with you on this issue.
저는 이 문제에 대한 당신의 의견에 **동의합니다**.

rich
[ritʃ]

형용사 **부유한, 돈 많은** 반의어 poor 가난한

He is **rich** and powerful.
그는 **부유하고** 영향력 있다.

cotton
[kátn]

명사 1. **면, 면직물** 2. **목화**

This towel is made of pure **cotton**.
이 수건은 순**면**으로 만들어졌다.

astronaut
[ǽstrənɔ̀ːt]

명사 **우주비행사**

An **astronaut** can float in space.
우주비행사는 우주에서 떠다닐 수 있다.

painting
[péintiŋ]

명사 **그림** 동사 paint 페인트칠하다; 그리다

This is a **painting** by van Gogh.
이것은 반 고흐의 **그림**이다.
참고 drawing (연필 등으로 그린) 그림

DAY 27

DAILY TEST

A 단어를 듣고, 빈칸에 들어갈 알맞은 글자를 쓰세요.

❶ 

g __ i __ e

❷ 

__ i c h

❸ 

__ a c a __ i o __

❹ 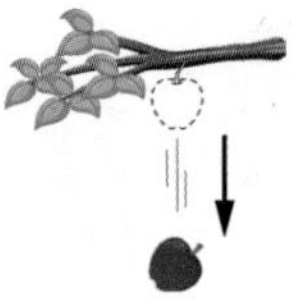

d r o __

❺ 

a __ t __ o n a __ t

❻ 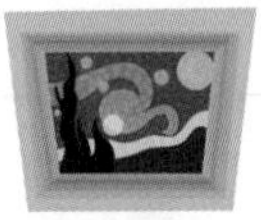

__ a i n __ i n __

B 우리말 뜻에 알맞은 단어가 되도록 글자를 바르게 배열하여 쓰세요.

❶ 뼈 | o b e n | __ __ __ __

❷ 동의하다 | r a g e e | __ __ __ __ __

❸ 쪽, 측; 옆면 | e s d i | __ __ __ __

❹ 영리한, 똑똑한 | e v c e l r | __ __ __ __ __ __

❺ 부유한, 돈 많은 | c h i r | __ __ __ __

❻ 모으다, 수집하다 | l o c e c t l | __ __ __ __ __ __ __

C 그림에 알맞은 단어와 우리말 뜻을 찾아 줄을 이어 보세요.

❶ 	cotton	우주비행사
❷ 	bone	쪽, 측; 옆면
❸ 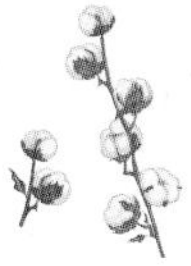	side	뼈
❹ 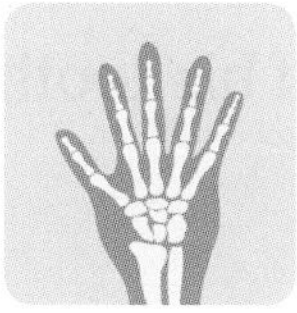	astronaut	면; 목화

D 우리말 뜻에 알맞은 단어를 〈보기〉에서 골라 문장을 완성하세요.

보기 agree clever painting guide

❶ 이것은 반 고흐의 **그림**이다.
This is a ______________ by van Gogh.

❷ 너는 정말 **영리한** 소년이구나!
You are such a ______________ boy!

❸ 그녀는 산악 **안내인**으로 일한다.
She works as a mountain ______________.

❹ 저는 이 문제에 대한 당신의 의견에 **동의합니다**.
I ______________ with you on this issue.

DAY 28

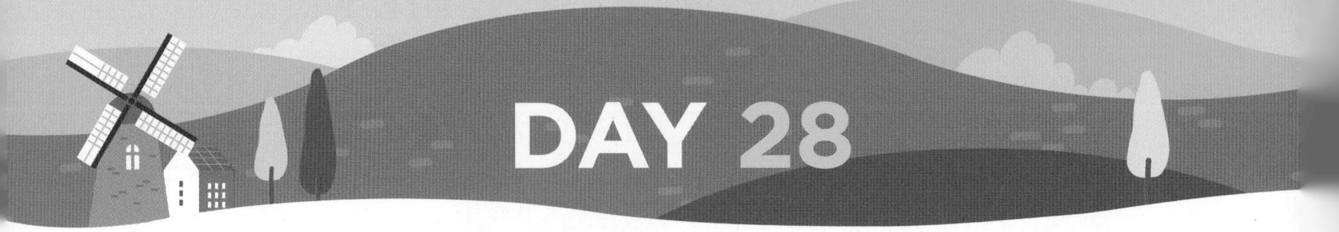

hunt
[hʌnt]

동사 **사냥하다** 명사 **사냥** 명사 hunter 사냥꾼

The lion is **hunting** for food.
사자가 먹이를 **사냥하고** 있다.

pond
[pɑnd]

명사 **연못**

Keep children away from the **pond.**
아이들이 **연못**에 가까이 가지 못하게 하세요.

dentist
[déntist]

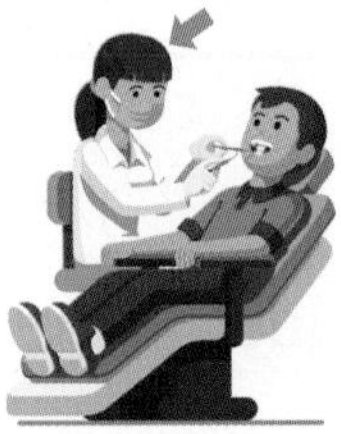

명사 **치과 의사**

The **dentist** pulled his tooth out.
치과 의사가 그의 치아를 뽑았다.

error
[érər]

명사 1. **실수, 오류** 유의어 mistake 실수, 잘못
2. **[컴퓨터] 에러**

I found some spelling **errors.**
나는 철자 **오류**들을 발견했다.

pay
[pei]

동사 **(돈을) 내다, 지불하다**

I will **pay** for dinner.
저녁값은 제가 **낼게요**.

stomachache
[stʌ́məkeik]

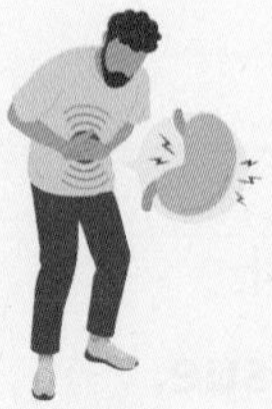

명사 **복통, 배탈**

Spicy food may cause a **stomachache.**
매운 음식은 **복통**을 유발할 수 있다.
참고 stomach 위, 배

학습일 1차: 월 일
2차: 월 일

customer
[kʌ́stəmər]

명사 **손님, 고객**

I'm a regular **customer** at this store.
나는 이 가게의 단골**손님**이다.

luck
[lʌk]

명사 **행운, 운** 형용사 lucky 행운의, 운이 좋은

This will bring you **luck.**
이것은 당신에게 **행운**을 가져다줄 거예요.

other
[ʌ́ðər]

형용사 **1. 다른, 그 밖의**
2. (둘 중) 다른 하나의

Do you have any **other** questions?
다른 질문 있으신가요?

bowl
[boul]

명사 **1. (움푹한) 그릇, 사발 2. 한 그릇(의 양)**

I poured hot water into the **bowl.**
나는 뜨거운 물을 **그릇**에 부었다.

then
[ðen]

부사 **1. (과거·미래의) 그때 2. 그 다음에**

She will not be at school **then.**
그녀는 **그때** 학교에 없을 것이다.

dangerous
[déindʒərəs]

형용사 **위험한** 반의어 safe 안전한

It is **dangerous** to play in the street.
도로에서 노는 것은 **위험하다**.

DAY 28 DAILY TEST

A 들려주는 순서대로 일치하는 그림에 번호를 쓰고, 알맞은 단어와 이어 보세요.

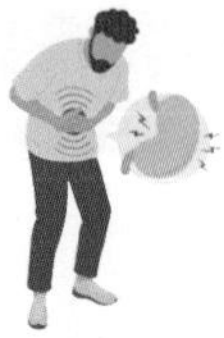

stomachache   bowl   dangerous   customer

B 우리말 뜻에 알맞은 단어가 되도록 글자를 바르게 배열하여 쓰세요.

❶ 행운, 운	k u l c	__ __ __ __
❷ 그때; 그 다음에	t e h n	__ __ __ __
❸ 다른, 그 밖의	h t o r e	__ __ __ __ __
❹ 연못	d p n o	__ __ __ __
❺ 실수, 오류; 에러	e o r r r	__ __ __ __ __
❻ 치과 의사	e n i s t d t	__ __ __ __ __ __ __

C 그림에 알맞은 단어를 쓰고 퍼즐에서 찾아 동그라미 하세요.

1 

____

2 

____

3 

____

4 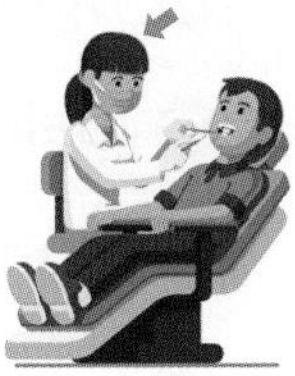

____

w	c	n	e	p	a	y
d	e	n	t	i	s	t
k	p	m	h	c	r	e
p	c	a	u	a	l	b
a	o	u	n	w	a	c
o	u	n	t	s	f	o
y	a	z	d	t	e	r

D 우리말 뜻에 알맞은 단어를 〈보기〉에서 골라 문장을 완성하세요.

보기 **stomachache** **pay** **dangerous** **other**

1 저녁값은 제가 **낼게요.**

I will ______________ for dinner.

2 도로에서 노는 것은 **위험하다.**

It is ______________ to play in the street.

3 매운 음식은 **복통**을 유발할 수 있다.

Spicy food may cause a ______________.

4 **다른** 질문 있으신가요?

Do you have any ______________ questions?

DAY 25 - 28

REVIEW TEST

A 각 영어 단어의 우리말 뜻을 쓰세요.

1 then	________	2 side	________
3 cost	________	4 collect	________
5 end	________	6 teenager	________
7 error	________	8 dangerous	________
9 vacation	________	10 spend	________
11 bowl	________	12 painting	________
13 adult	________	14 during	________
15 toothache	________	16 pear	________

B 우리말 뜻에 맞는 영어 단어를 고르세요.

1	똑바로, 곧장	① away	② straight	③ almost
2	오직, 단지; 유일한	① easily	② twice	③ only
3	(불에) 타다, 태우다	① catch	② burn	③ cover
4	치과 의사	① dentist	② artist	③ engineer
5	다른, 그 밖의	① real	② other	③ first
6	두통	① headache	② toothache	③ stomachache
7	손님, 고객	① neighbor	② writer	③ customer
8	사고; 우연(한 사건)	① mistake	② information	③ accident
9	추가하다; 더하다	① order	② add	③ sell
10	부유한, 돈 많은	① rich	② perfect	③ expensive

C 우리말 뜻에 맞는 영어 단어를 쓰세요.

1. 안내인, 가이드 ______
2. 지붕 ______
3. 연못 ______
4. (돈을) 내다 ______
5. 출구 ______
6. 행운, 운 ______
7. 가능성; 기회 ______
8. 다른, 차이가 나는 ______
9. 물다 ______
10. 맛; 맛이 나다 ______
11. 세계 ______
12. 뼈 ______
13. 면, 면직물; 목화 ______
14. 사냥하다; 사냥 ______
15. 우주비행사 ______
16. 배우 ______
17. 날씨 ______
18. 복통, 배탈 ______

D 주어진 단어와 반대인 뜻을 가진 단어를 〈보기〉에서 골라 쓰세요.

보기	entrance	disagree	tiny

1. agree ______
2. exit ______
3. huge ______

E 주어진 단어와 비슷한 뜻을 가진 단어를 〈보기〉에서 골라 쓰세요.

보기	holiday	fall	smart

1. clever ______
2. vacation ______
3. drop ______

DAY 29

lie
[lai]

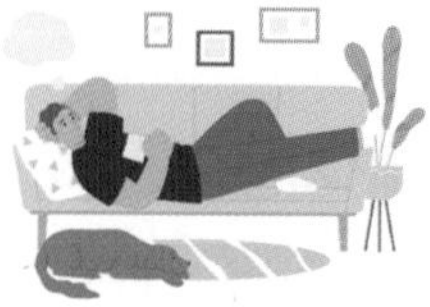

동사 1. 눕다 2. 놓여 있다 3. 거짓말하다

He likes to **lie** on the sofa.
그는 소파에 **눕는** 걸 좋아한다.
참고 lay 놓다, 두다

minute
[mínit]

명사 1. [시간의 단위] 분 2. 잠깐, 순간

Let's take a break for ten **minutes**.
10분 동안 쉽시다.
참고 hour 시간 second 초

wake
[weik]

동사 깨(우)다, 일어나다

Please **wake** me up at 7:00 a.m.
오전 7시에 저를 **깨워** 주세요.

purple
[pə́ːrpl]

형용사 자주색의 명사 자주색

Eggplants have **purple** skin.
가지는 **자주색의** 껍질을 지녔다.

gym
[dʒim]

명사 체육관

I go to the **gym** every day.
나는 매일 **체육관**에 간다.

case
[keis]

명사 1. (특정한 상황의) 경우
2. 용기, 통, 상자 유의어 box 상자

In **case** of fire, use the stairs.
불이 났을 **경우**에는, 계단을 이용하세요.

학습일 1차: 월 일
2차: 월 일

wish
[wiʃ]

동사 **원하다, 바라다** 명사 **소원, 소망**
유의어 hope 바라다, 희망하다; 희망

I **wish** to visit Hawaii some day.
나는 언젠가 하와이에 가길 **원한다**.

each
[iːtʃ]

형용사 **각각의, 각자의** 대명사 **각각, 각자**

Each person wants different food.
각각의 사람들은 서로 다른 음식을 원한다.

company
[kʌ́mpəni]

명사 1. **회사** 2. **동료, 일행**

My dad works at a food **company**.
우리 아빠는 식품 **회사**에서 일하신다.

interest
[íntərəst]

명사 **관심, 흥미** 동사 **흥미를 끌다**
형용사 interesting 재미있는, 흥미로운

I have an **interest** in singing.
나는 노래하는 것에 **관심**이 있다.

alone
[əlóun]

형용사 1. **혼자인** 2. **외로운**
부사 **혼자** 반의어 together 함께, 같이

Don't leave a child at home **alone**.
아이를 집에 **혼자** 두지 마세요.

humor
[hjúːmər]

명사 **유머, 익살스러움**

She has a great sense of **humor**.
그녀는 대단한 **유머** 감각을 가졌다.

DAY 29

DAILY TEST

A 단어를 듣고, 빈칸에 들어갈 알맞은 글자를 쓰세요.

❶  a __ one

❷ 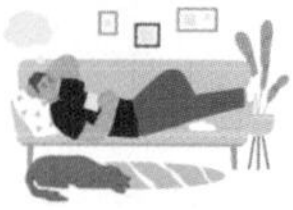 __ ie

❸  g __ m

❹ 

__ u __ or

❺  w __ ke

❻  p __ r __ le

B 우리말 뜻에 알맞은 단어가 되도록 글자를 바르게 배열하여 쓰세요.

❶ 원하다, 바라다	s w h i	___ ___ ___ ___
❷ 분; 잠깐, 순간	u n t i m e	___ ___ ___ ___ ___ ___
❸ 회사; 동료, 일행	y m n a c o p	___ ___ ___ ___ ___ ___ ___
❹ 각각의, 각자의	a e h c	___ ___ ___ ___
❺ 경우; 용기, 통	s c e a	___ ___ ___ ___
❻ 유머, 익살스러움	h m r o u	___ ___ ___ ___ ___

C 그림에 알맞은 단어와 우리말 뜻을 찾아 줄을 이어 보세요.

❶ 	company	자주색의
❷ 	gym	체육관
❸ 	purple	회사; 동료
❹ 	wish	원하다, 바라다

D 우리말 뜻에 알맞은 단어를 〈보기〉에서 골라 문장을 완성하세요.

보기	alone	minutes	case	interest

❶ 나는 노래하는 것에 **관심**이 있다.

I have an ______________ in singing.

❷ 불이 났을 **경우**에는, 계단을 이용하세요.

In ______________ of fire, use the stairs.

❸ 10**분** 동안 쉽시다.

Let's take a break for ten ______________.

❹ 아이를 집에 **혼자** 두지 마세요.

Don't leave a child at home ______________.

DAY 30

save
[seiv]

동사 1. (위험에서) 구하다
2. (돈을) 모으다, 저축하다

He **saved** a girl from the fire.
그는 화재로부터 여자아이를 **구했다.**

earth
[əːrθ]

명사 지구

The **earth** moves around the sun.
지구는 태양 주위를 돈다.

college
[kάlidʒ]

명사 (단과) 대학

She entered an art **college**.
그녀는 예술 **대학**에 입학했다.
참고 university (종합) 대학교

meal
[miːl]

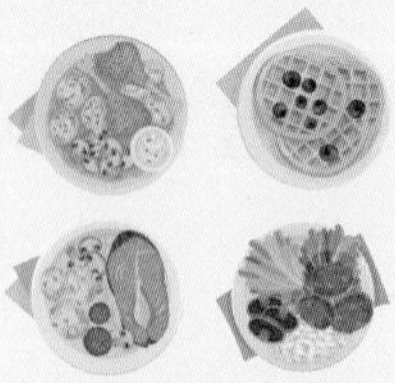

명사 식사, 끼니

She made a **meal** for me.
그녀가 나를 위해 **식사**를 만들어 주었다.

double
[dʌ́bl]

형용사 (양이나 수의) 두 배의

His age is **double** her age.
그의 나이는 그녀의 나이의 **두 배**이다.
참고 single 단 하나의, 단독의

active
[ǽktiv]

형용사 활동적인, 활발한 명사 activity 활동

My grandparents are still very **active**.
우리 조부모님은 여전히 매우 **활동적**이시다.

학습일	1차: 월 일
	2차: 월 일

recycle
[riːsáikl]

동사 **재활용하다** 명사 recycling 재활용

We should **recycle** glass bottles.
우리는 유리병을 **재활용해야** 한다.

tie
[tai]

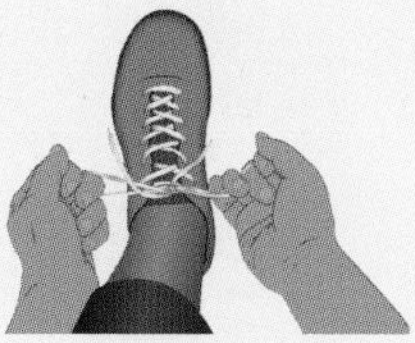

동사 **(끈 등으로) 묶다, 매다** 명사 **넥타이**

My sister can't **tie** her shoes.
내 여동생은 신발 끈을 **묶지** 못한다.

brain
[brein]

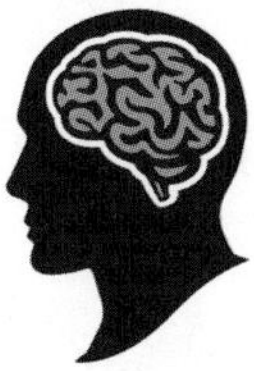

명사 **뇌**

The human **brain** is always working.
인간의 **뇌**는 항상 활동하고 있다.

fog
[fɔːg]

명사 **안개** 형용사 foggy 안개가 낀

The **fog** is very thick.
안개가 매우 짙다.

parade
[pəréid]

명사 **퍼레이드, 행렬**

The band is marching in the **parade**.
악단이 **퍼레이드**에서 행진하고 있다.

choice
[tʃɔis]

명사 1. **선택, 고르기** 2. **선택권**
동사 choose 선택하다, 고르다

It's hard to make a good **choice**.
좋은 **선택**을 하는 것은 어렵다.

DAY 30 DAILY TEST

A 들려주는 순서대로 일치하는 그림에 번호를 쓰고, 알맞은 단어와 이어 보세요.

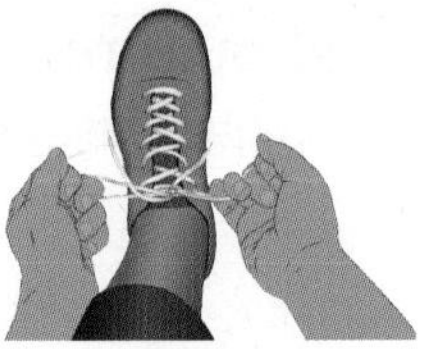

tie	earth	parade	recycle

B 우리말 뜻에 알맞은 단어가 되도록 글자를 바르게 배열하여 쓰세요.

❶ 뇌	r a b n i	___ ___ ___ ___ ___
❷ (위험에서) 구하다	a s e v	___ ___ ___ ___
❸ 선택, 고르기	h o e c c i	___ ___ ___ ___ ___ ___
❹ (단과) 대학	l e l c o e g	___ ___ ___ ___ ___ ___ ___
❺ 활동적인, 활발한	i e c a t v	___ ___ ___ ___ ___ ___
❻ 식사, 끼니	e a m l	___ ___ ___ ___

C 그림에 알맞은 단어를 쓰고 퍼즐에서 찾아 동그라미 하세요.

❶ 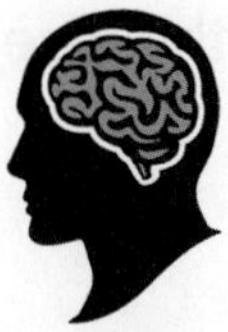

____

❷ 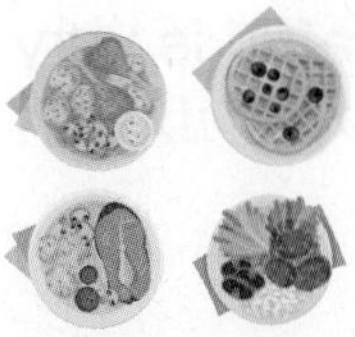

____

❸ 

____

❹ 

____

b	i	m	g	f	g
y	r	e	n	o	e
k	k	a	f	m	x
l	w	l	i	r	x
y	e	m	l	n	w
d	o	u	b	l	e

D 우리말 뜻에 알맞은 단어를 〈보기〉에서 골라 문장을 완성하세요.

보기 **earth** **active** **recycle** **choice**

❶ 우리는 유리병을 **재활용해야** 한다.
We should ______________ glass bottles.

❷ **지구**는 태양 주위를 돈다.
The ______________ moves around the sun.

❸ 우리 조부모님은 여전히 매우 **활동적**이시다.
My grandparents are still very ______________.

❹ 좋은 **선택**을 하는 것은 어렵다.
It's hard to make a good ______________.

DAY 31

area
[ɛ́əriə]

명사 1. 지역 2. (특정 용도의) 구역

Traffic is very busy in this **area.**

이 **지역**은 교통이 아주 혼잡하다.

pair
[pɛər]

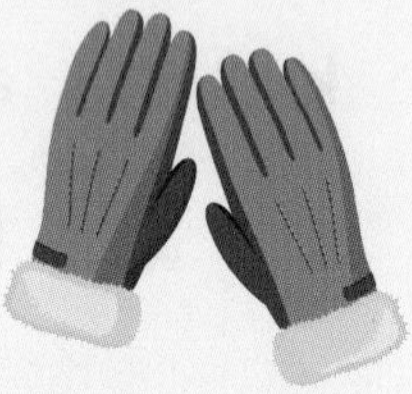

명사 한 쌍[켤레]

a **pair** of gloves

장갑 **한 켤레**

wet
[wet]

형용사 젖은, 축축한 반의어 dry 마른, 건조한

My clothes got **wet** in the rain.

내 옷이 비에 **젖었다**.

step
[step]

명사 1. (발)걸음 2. 단계

take a **step** forward

한 **걸음** 앞으로 나아가다

nickname
[níknèim]

명사 별명

My **nickname** is “Rabbit.”

내 **별명**은 “토끼”야.

welcome
[wélkəm]

동사 환영하다, 맞이하다 유의어 greet 맞이하다

They **welcomed** the guest warmly.

그들은 손님을 따뜻하게 **환영했다**.

학습일	1차: 월 일
	2차: 월 일

mask
[mæsk]

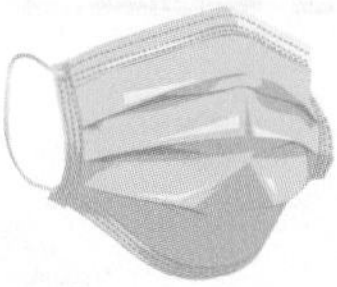

명사 1. 마스크 2. 가면

Wear a **mask** when you go outside.

밖에 나갈 때 **마스크**를 써라.

concert
[kάnsəːrt]

명사 연주회, 콘서트

Would you like to go to the **concert**?

콘서트에 가실래요?

inside
[insáid]

전치사 ~의 안에 부사 안에[으로]

반의어 outside ~의 밖에; 밖에[으로]

We are **inside** the tent.

우리는 텐트 **안에** 있다.

heaven
[hévən]

명사 천국

I wish to go to **heaven** after death.

나는 죽은 뒤에 **천국**에 가길 원한다.

secret
[síːkrit]

명사 비밀

I'll keep your **secret**.

너의 **비밀**을 지킬게.

communicate
[kəmjúːnəkèit]

동사 의사소통하다

명사 communication 의사소통

We **communicate** by email.

우리는 이메일로 **의사소통한다**.

DAY 31

DAILY TEST

A 단어를 듣고, 빈칸에 들어갈 알맞은 글자를 쓰세요.

❶  __elc__me

❷  i__si__e

❸  ni__k__ame

❹  ste__

❺  c__mm__nica__e

❻  a__ea

B 우리말 뜻에 알맞은 단어가 되도록 글자를 바르게 배열하여 쓰세요.

❶ 젖은, 축축한	e t w	___ ___ ___
❷ 비밀	e c r s e t	___ ___ ___ ___ ___ ___
❸ 연주회, 콘서트	o n c e r t c	___ ___ ___ ___ ___ ___ ___
❹ (발)걸음; 단계	p t s e	___ ___ ___ ___
❺ 한 쌍[켤레]	i p r a	___ ___ ___ ___
❻ 천국	e n h v a e	___ ___ ___ ___ ___ ___

C 그림에 알맞은 단어와 우리말 뜻을 찾아 줄을 이어 보세요.

❶  • • pair • • 마스크; 가면

❷  • • mask • • 젖은, 축축한

❸  • • wet • • 한 쌍[켤레]

❹  • • welcome • • 환영하다, 맞이하다

D 우리말 뜻에 알맞은 단어를 〈보기〉에서 골라 문장을 완성하세요.

보기	area	nickname	secret	inside

❶ 너의 **비밀**을 지킬게.
I'll keep your ______________.

❷ 내 **별명**은 "토끼"야.
My ______________ is "Rabbit."

❸ 우리는 텐트 **안에** 있다.
We are ______________ the tent.

❹ 이 **지역**은 교통이 아주 혼잡하다.
Traffic is very busy in this ______________.

DAY 32

cloth
[klɔːθ]

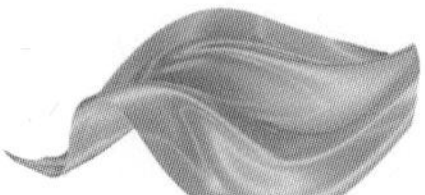

[명사] 1. 옷감, 직물 2. 천 [명사] clothes 옷

a soft silk **cloth**
부드러운 실크 **옷감**

tour
[tuər]

[명사] 여행, 관광 [동사] 여행하다, 관광하다

We want to go on a **tour** of Paris.
우리는 파리 **여행**을 가고 싶다.

lock
[lɑk]

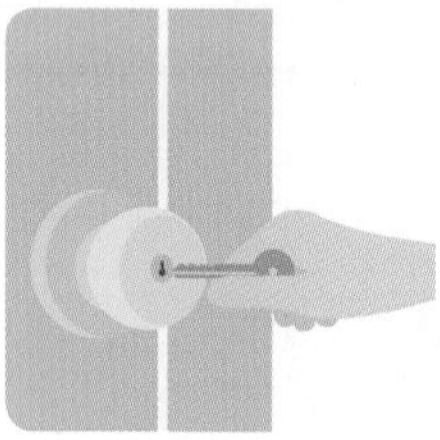

[동사] 잠기다, 잠그다 [반의어] unlock 열다
[명사] 자물쇠

Please **lock** the door when you leave.
나갈 때 문을 **잠가** 주세요.

off
[ɔːf]

[전치사] [분리·제거] ~에서 떨어져
[부사] [시간·공간] 떨어져서, 멀리

He fell **off** the ladder yesterday.
그는 어제 사다리**에서 떨어졌**다.

clear
[kliər]

[형용사] 1. 분명한, 명확한 2. 맑은, 투명한

His answer was very **clear**.
그의 대답은 매우 **분명했다**.

history
[hístəri]

[명사] 역사

Seoul is a city with a long **history**.
서울은 오랜 **역사**를 가진 도시이다.

학습일	1차: 월 일
	2차: 월 일

share
[ʃɛər]

동사 1. 함께 쓰다, 공유하다 2. 나누다

I **share** a room with my brother.

나는 남동생과 방을 **함께 쓴다**.

bean
[biːn]

명사 콩

Chocolate is made from cocoa **beans**.

초콜릿은 코코아 **콩**으로 만들어진다.

cartoon
[kɑːrtúːn]

명사 만화 (영화)

Snoopy is a famous **cartoon** character.

스누피는 유명한 **만화** 캐릭터이다.

참고 comic 만화책

serve
[səːrv]

동사 1. (음식을) 내다, 제공하다
2. (손님을) 응대하다

This restaurant **serves** great Italian food.

이 식당은 훌륭한 이탈리아 음식을 **제공한다**.

price
[prais]

명사 값, 가격 유의어 cost 비용, 값

I bought this jacket at half **price**.

나는 이 재킷을 반**값**에 샀다.

experience
[ikspíəriəns]

명사 경험 동사 경험하다, 겪다

have a lot of work **experience**

많은 업무 **경험**이 있다

DAY 32 DAILY TEST

A 들려주는 순서대로 일치하는 그림에 번호를 쓰고, 알맞은 단어와 이어 보세요.

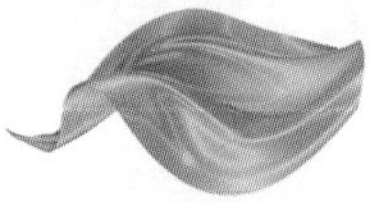

cloth clear bean cartoon

B 우리말 뜻에 알맞은 단어가 되도록 글자를 바르게 배열하여 쓰세요.

❶ (음식을) 내다 e v s e r __ __ __ __ __

❷ 잠기다, 잠그다 l k o c __ __ __ __

❸ 만화 (영화) r c o t n a o __ __ __ __ __ __ __

❹ 분명한, 명확한 l c r e a __ __ __ __ __

❺ 함께 쓰다, 공유하다 e h r s a __ __ __ __ __

❻ 여행, 관광 o t u r __ __ __ __

C 그림에 알맞은 단어를 쓰고 퍼즐에서 찾아 동그라미 하세요.

❶ 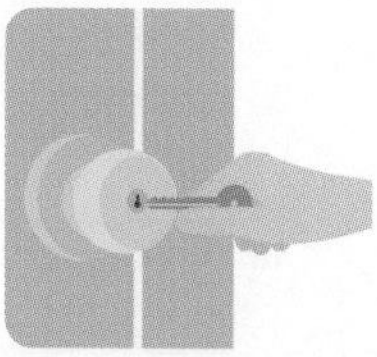

______

❷ 

______

❸ 

______

❹ 

______

l	c	n	e	q	e	y
o	o	p	a	v	a	y
m	p	c	r	e	r	f
u	c	e	k	i	l	o
a	s	u	c	t	c	n
o	u	b	k	s	t	e
h	i	s	t	o	r	y

D 우리말 뜻에 알맞은 단어를 〈보기〉에서 골라 문장을 완성하세요.

보기	share	off	price	experience

❶ 그는 어제 사다리**에서 떨어졌다**.
He fell ______ the ladder yesterday.

❷ 나는 이 재킷을 반**값**에 샀다.
I bought this jacket at half ______.

❸ 그녀는 많은 업무 **경험**이 있다.
She has a lot of work ______.

❹ 나는 남동생과 방을 **함께 쓴다**.
I ______ a room with my brother.

DAY 29-32
REVIEW TEST

A 각 영어 단어의 우리말 뜻을 쓰세요.

1	step	________	2	cartoon	________
3	minute	________	4	gym	________
5	college	________	6	tour	________
7	meal	________	8	double	________
9	serve	________	10	experience	________
11	share	________	12	company	________
13	heaven	________	14	earth	________
15	choice	________	16	case	________

B 우리말 뜻에 맞는 영어 단어를 고르세요.

1	깨(우)다, 일어나다	① take	② wake	③ shake
2	~에서 떨어져	① off	② across	③ around
3	관심, 흥미	① habit	② interest	③ plan
4	비밀	① rule	② fact	③ secret
5	활동적인, 활발한	① active	② serious	③ calm
6	의사소통하다	① congratulate	② communicate	③ guess
7	(위험에서) 구하다	① catch	② climb	③ save
8	경험; 경험하다	① background	② example	③ experience
9	재활용하다	① recycle	② borrow	③ share
10	분명한, 명확한	① wonderful	② clear	③ terrible

C 우리말 뜻에 맞는 영어 단어를 쓰세요.

❶	눕다; 놓여 있다	______	❷	연주회, 콘서트	______
❸	각각의, 각자의	______	❹	뇌	______
❺	잠기다, 잠그다	______	❻	지역; 구역	______
❼	유머, 익살스러움	______	❽	자주색의; 자주색	______
❾	퍼레이드, 행렬	______	❿	마스크; 가면	______
⓫	별명	______	⓬	옷감, 직물; 천	______
⓭	역사	______	⓮	(끈 등으로) 묶다	______
⓯	한 쌍[켤레]	______	⓰	콩	______
⓱	안개	______	⓲	지구	______

D 주어진 단어와 반대인 뜻을 가진 단어를 〈보기〉에서 골라 쓰세요.

보기	dry	together	outside

❶ **inside** ______

❷ **wet** ______

❸ **alone** ______

E 주어진 단어와 비슷한 뜻을 가진 단어를 〈보기〉에서 골라 쓰세요.

보기	hope	greet	cost

❶ **price** ______

❷ **welcome** ______

❸ **wish** ______

DAY 33

joy
[dʒɔi]

명사 **기쁨, 즐거움** 형용사 joyful 기쁜, 즐거운

I smiled with **joy**.

나는 **기쁨**의 미소를 지었다.

cave
[keiv]

명사 **동굴**

Bats live in **caves**.

박쥐는 **동굴**에 산다.

wonder
[wʌ́ndər]

동사 1. **궁금하다** 2. **놀라다**

형용사 wonderful 아주 멋진, 훌륭한

I **wonder** how old he is.

나는 그가 몇 살인지 **궁금하다**.

pants
[pænts]

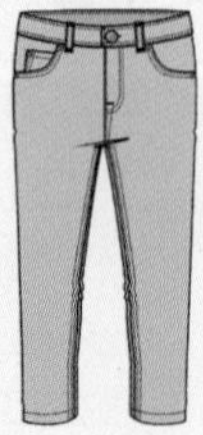

명사 **(복수형으로) 바지**

These **pants** are tight on me.

이 **바지**는 나한테 꼭 낀다.

stand
[stænd]

동사 **서다, 서 있다** 반의어 sit 앉다

Please **stand** in line to get a ticket.

표를 구매하시려면 줄을 **서** 주세요.

blank
[blæŋk]

형용사 **빈, 공백의** 유의어 empty 비어 있는, 빈

명사 **빈칸**

Write your name in the **blank** space.

빈 공간에 당신의 이름을 쓰세요.

학습일	1차: 월 일
	2차: 월 일

musician
[mjuːzíʃən]

명사 **음악가, 뮤지션** 명사 music 음악

He is a talented **musician.**

그는 재능 있는 **음악가**이다.

lucky
[lʌ́ki]

형용사 **행운의, 운이 좋은** 명사 luck 행운, 운

I'm **lucky** to have a friend like you.

너 같은 친구가 있어서 나는 **행운이다**.

birth
[bəːrθ]

명사 **탄생, 출생** 반의어 death 죽음, 사망

He celebrated the **birth** of her daughter.

그는 그녀의 딸의 **탄생**을 축하했다.

참고 birthday 생일

plane
[plein]

명사 **비행기 (= airplane)**

The **plane** for London will take off soon.

런던으로 가는 **비행기**가 곧 이륙할 것이다.

creative
[kriéitiv]

형용사 **창의적인, 창조적인** 동사 create 창조하다

a **creative** idea

창의적인 아이디어

focus
[fóukəs]

동사 **집중하다** 명사 **초점, 중점**

I have to **focus** on my studies.

나는 공부에 **집중해야** 한다.

DAY 33

DAILY TEST

A 단어를 듣고, 빈칸에 들어갈 알맞은 글자를 쓰세요.

1  lu __ ky

2  bir __ h

3 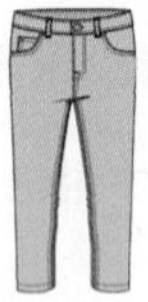 __ an __ s

4  p __ a __ e

5  __ rea __ i __ e

6  m __ si __ ian

B 우리말 뜻에 알맞은 단어가 되도록 글자를 바르게 배열하여 쓰세요.

1 동굴 c e v a ____ ____ ____ ____

2 바지 a t n p s ____ ____ ____ ____ ____

3 집중하다 o s c f u ____ ____ ____ ____ ____

4 궁금하다 n w r o d e ____ ____ ____ ____ ____ ____

5 기쁨, 즐거움 y j o ____ ____ ____

6 탄생, 출생 r t i b h ____ ____ ____ ____ ____

C 그림에 알맞은 단어와 우리말 뜻을 찾아 줄을 이어 보세요.

1		blank	동굴
2		cave	서다, 서 있다
3		focus	집중하다
4		stand	빈, 공백의

D 우리말 뜻에 알맞은 단어를 〈보기〉에서 골라 문장을 완성하세요.

보기 wonder lucky plane musician

1. 나는 그가 몇 살인지 **궁금하다**.
   I ______________ how old he is.
2. 그는 재능 있는 **음악가**이다.
   He is a talented ______________.
3. 너 같은 친구가 있어서 나는 **행운이다**.
   I'm ______________ to have a friend like you.
4. 런던으로 가는 **비행기**가 곧 이륙할 것이다.
   The ______________ for London will take off soon.

DAY 34

piece
[piːs]

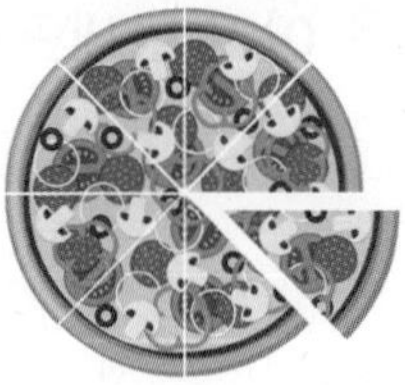

명사 1. 조각, 일부분 2. 한 덩어리

I ate a **piece** of pizza.
나는 피자 한 **조각**을 먹었다.

ahead
[əhéd]

부사 앞(쪽)으로, 앞에 반의어 behind 뒤에

She is walking **ahead** of us.
그녀는 우리 **앞으로** 걷고 있다.

boot
[buːt]

명사 (주로 복수형으로) 장화, 부츠

I wear my **boots** when it is raining.
나는 비가 오면 **장화**를 신는다.

into
[íntə]

전치사 1. [장소·위치] ~ 안[속]으로
2. [상태의 변화] ~(으)로

He came **into** my room.
그가 내 방 **안으로** 들어왔다.

battle
[bǽtl]

명사 1. 전투, 전쟁 2. 싸움, 투쟁

The soldiers were ready for the **battle**.
그 군인들은 **전투**에 대한 준비가 되어 있었다.

weekly
[wíːkli]

형용사 매주의, 주 1회의 부사 매주, 주 1회

Students take **weekly** tests.
학생들은 **매주** 시험을 본다.
참고 daily 매일의 monthly 매달의

factory
[fǽktəri]

명사 **공장**

The company built a new **factory**.
그 회사는 새 **공장**을 지었다.

divide
[diváid]

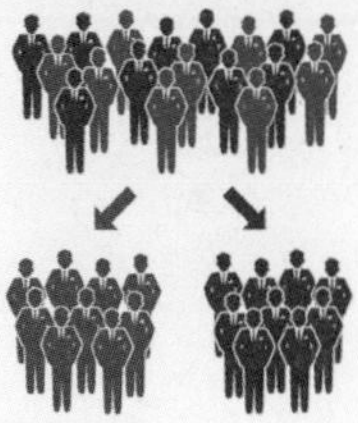

동사 **나누다, 분할하다**

We **divided** the people into two groups.
우리는 사람들을 두 그룹으로 **나누었다**.

fail
[feil]

동사 1. **실패하다** 반의어 succeed 성공하다
2. **(시험에서) 떨어지다**

I **failed** to catch the last bus.
나는 마지막 버스를 타는 데 **실패했다**.

opinion
[əpínjən]

명사 **의견, 견해** 유의어 view 견해, 의견

What is your **opinion** on the issue?
그 문제에 관한 당신의 **의견**은 무엇입니까?

engine
[éndʒin]

명사 **엔진**

He started the **engine**.
그는 **엔진** 시동을 걸었다.

national
[nǽʃənl]

형용사 **국가의, 국가적인** 명사 nation 국가, 나라

Every country has a **national** flag.
모든 나라에는 **국**기가 있다.

DAY 34

DAILY TEST

A 들려주는 순서대로 일치하는 그림에 번호를 쓰고, 알맞은 단어와 이어 보세요.

ahead national boot factory

B 우리말 뜻에 알맞은 단어가 되도록 글자를 바르게 배열하여 쓰세요.

① ~ 안[속]으로	n o t i	___ ___ ___ ___
② 실패하다	a l f i	___ ___ ___ ___
③ 나누다, 분할하다	e i d d v i	___ ___ ___ ___ ___ ___
④ 매주의, 주 1회의	y e w k l e	___ ___ ___ ___ ___ ___
⑤ 전투, 전쟁	b l e t t a	___ ___ ___ ___ ___ ___
⑥ 앞(쪽)으로, 앞에	h a e d a	___ ___ ___ ___ ___

C 그림에 알맞은 단어를 쓰고 퍼즐에서 찾아 동그라미 하세요.

❶ 

____

❷ 

____

❸ 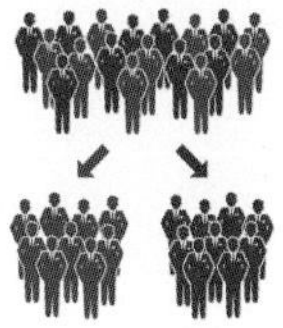

____

❹ 

____

e	n	g	i	n	e	f
b	o	s	u	v	a	a
g	a	q	c	h	e	c
p	h	t	l	z	h	t
g	s	k	t	w	n	o
k	o	o	t	l	p	r
d	i	v	i	d	e	y

D 우리말 뜻에 알맞은 단어를 〈보기〉에서 골라 문장을 완성하세요.

보기	failed	into	piece	opinion

❶ 나는 피자 한 **조각**을 먹었다.
I ate a ________ of pizza.

❷ 나는 마지막 버스를 타는 데 **실패했다**.
I ________ to catch the last bus.

❸ 그가 내 방 **안으로** 들어왔다.
He came ________ my room.

❹ 그 문제에 관한 당신의 **의견**은 무엇입니까?
What is your ________ on the issue?

DAY 35

mouse
[maus]

명사 (복수형 mice) 쥐, 생쥐

A cat is running after the **mouse**.
고양이가 **쥐**를 쫓아가고 있다.

plant
[plænt]

명사 식물 동사 (식물을) 심다

Most **plants** need water and light.
대부분의 **식물들**은 물과 빛이 필요하다.

peace
[piːs]

명사 평화 형용사 peaceful 평화로운

We hope for world **peace**.
우리는 세계 **평화**를 희망한다.

advise
[ədváiz]

동사 조언하다, 충고하다 명사 advice 충고

The doctor **advised** me to rest.
의사는 내게 쉬라고 **조언했다**.

online
[ɔ́nlàin]

형용사 온라인의 부사 온라인으로
반의어 offline 오프라인의; 오프라인으로

I have to take an **online** class.
나는 **온라인** 수업을 들어야 한다.

shape
[ʃeip]

명사 모양, 형태

the **shape** of a star
별 **모양**

학습일 1차: 월 일
2차: 월 일

care
[kɛər]

동사 1. 신경 쓰다, 관심을 가지다 2. 돌보다
명사 1. 주의, 조심 2. 돌봄, 보살핌

She **cares** about her kids' health.
그녀는 아이들 건강에 **신경 쓴다**.

bicycle
[báisikl]

명사 자전거 (= bike)

Riding a **bicycle** is good exercise.
자전거를 타는 것은 좋은 운동이다.

discuss
[diskʌ́s]

동사 논의하다, 상의하다 명사 discussion 논의

Let's **discuss** our business plans.
우리의 사업 계획에 대해 **논의해** 봅시다.

afraid
[əfréid]

형용사 무서워하는, 두려워하는
유의어 scared 겁먹은

I'm **afraid** of the dark.
나는 어둠을 **무서워한다**.

language
[lǽŋgwidʒ]

명사 언어, 말

She can speak three **languages**.
그녀는 세 가지 **언어**를 말할 수 있다.

than
[ðən]

접속사 전치사 ~보다

He is taller **than** me.
그는 나**보다** 키가 더 크다.

DAY 35 DAILY TEST

A 단어를 듣고, 빈칸에 들어갈 알맞은 글자를 쓰세요.

1. 

p __ an __

2. 

__ ang __ a __ e

3. 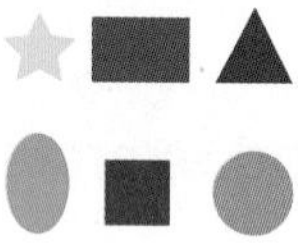

s __ ape

4. 

di __ __ uss

5. 

__ ou __ e

6. 

p __ __ ce

B 우리말 뜻에 알맞은 단어가 되도록 글자를 바르게 배열하여 쓰세요.

1. 조언하다, 충고하다 　d s v i a e 　__ __ __ __ __ __
2. 무서워하는 　f a r i d a 　__ __ __ __ __ __
3. 자전거 　c l i y b c e 　__ __ __ __ __ __ __
4. 평화 　e c p a e 　__ __ __ __ __
5. 식물; 심다 　t l a n p 　__ __ __ __ __
6. 온라인의 　e n i o n l 　__ __ __ __ __ __

C 그림에 알맞은 단어와 우리말 뜻을 찾아 줄을 이어 보세요.

①		care	무서워하는
②		afraid	자전거
③	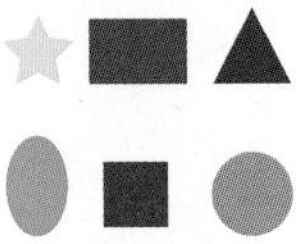	bicycle	모양, 형태
④		shape	신경 쓰다

D 우리말 뜻에 알맞은 단어를 〈보기〉에서 골라 문장을 완성하세요.

보기 **languages** **discuss** **than** **online**

① 그는 나**보다** 키가 더 크다.
He is taller ____________ me.

② 그녀는 세 가지 **언어**를 말할 수 있다.
She can speak three ____________.

③ 나는 **온라인** 수업을 들어야 한다.
I have to take an ____________ class.

④ 우리의 사업 계획에 대해 **논의해** 봅시다.
Let's ____________ our business plans.

DAY 36

video
[vídiòu]

명사 **영상, 비디오**

I like watching cooking **videos.**

나는 요리 **영상** 보는 것을 좋아한다.

trash
[træʃ]

명사 **쓰레기** 유의어 garbage 쓰레기

The **trash** can is full.

쓰레기통이 가득 찼다.

kill
[kil]

동사 **죽이다**

She used a spray to **kill** the bug.

그녀는 벌레를 **죽이기** 위해 스프레이를 사용했다.

friendly
[fréndli]

형용사 **친절한, 상냥한** 유의어 kind 친절한

My classmates are very **friendly.**

우리 반 친구들은 매우 **친절하다.**

machine
[məʃíːn]

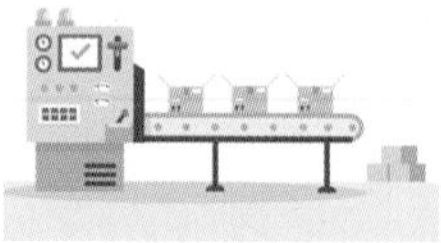

명사 **기계**

This **machine** is packing the boxes.

이 **기계**는 상자들을 포장하고 있다.

please
[pliːz]

부사 **부디, 제발** 동사 **기쁘게 하다**

Please come to the meeting today.

부디 오늘 회의에 와 주세요.

학습일 1차: 월 일
2차: 월 일

board
[bɔːrd]

명사 1. 판자, 널빤지 2. 게시판

He needs a **board** to make a desk.

그는 책상을 만들기 위해 **판자**가 필요하다.

south
[sauθ]

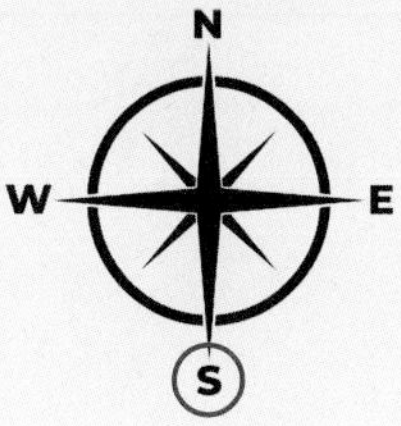

명사 남쪽 형용사 남쪽의

Swallows fly to the **south** for the winter.

제비는 겨울을 나기 위해 **남쪽**으로 날아간다.

refrigerator
[rifrídʒərèitər]

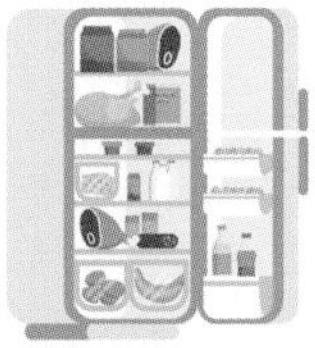

명사 냉장고 (= fridge)

You should keep milk in a **refrigerator.**

우유는 **냉장고**에 보관해야 한다.

forever
[fərévər]

부사 영원히

Humans can't live **forever.**

인간은 **영원히** 살 수 없다.

practice
[prǽktis]

동사 연습하다 명사 연습

I **practice** the guitar every day.

나는 매일 기타를 **연습한다.**

academy
[əkǽdəmi]

명사 (특수 분야의) 학교, 학원

They graduated from an art **academy.**

그들은 예술 **학교**를 졸업했다.

DAY 36

DAILY TEST

A 들려주는 순서대로 일치하는 그림에 번호를 쓰고, 알맞은 단어와 이어 보세요.

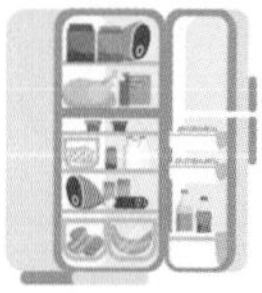

refrigerator practice kill video

B 우리말 뜻에 알맞은 단어가 되도록 글자를 바르게 배열하여 쓰세요.

1 기계 c i m h a e n _ _ _ _ _ _ _

2 학교, 학원 d e a m y c a _ _ _ _ _ _ _

3 영원히 f v o e r r e _ _ _ _ _ _ _

4 남쪽; 남쪽의 h s t u o _ _ _ _ _

5 죽이다 l k i l _ _ _ _

6 영상, 비디오 o v e d i _ _ _ _ _

C 그림에 알맞은 단어를 쓰고 퍼즐에서 찾아 동그라미 하세요.

❶ 

____

❷ 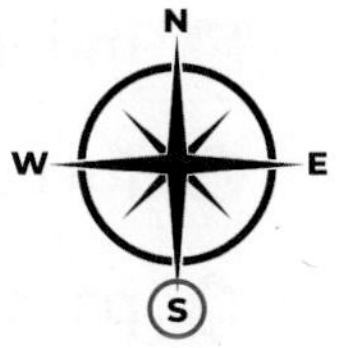

____

❸ 

____

❹ 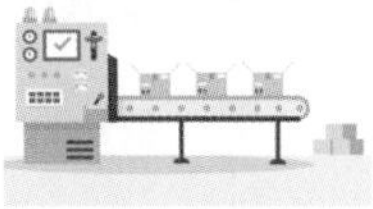

____

l	c	s	b	q	s	y
i	t	q	o	b	a	y
l	r	s	a	u	h	f
d	a	a	r	a	t	o
a	s	u	d	v	q	h
o	h	k	p	a	l	h
m	a	c	h	i	n	e

D 우리말 뜻에 알맞은 단어를 〈보기〉에서 골라 문장을 완성하세요.

보기 refrigerator please friendly practice

❶ 나는 매일 기타를 **연습한다**.
I ________ the guitar every day.

❷ 우리 반 친구들은 매우 **친절하다**.
My classmates are very ________.

❸ **부디** 오늘 회의에 와 주세요.
________ come to the meeting today.

❹ 우유는 **냉장고**에 보관해야 한다.
You should keep milk in a ________.

REVIEW TEST

A 각 영어 단어의 우리말 뜻을 쓰세요.

1 care	________	2 mouse	________
3 machine	________	4 focus	________
5 plane	________	6 pants	________
7 bicycle	________	8 piece	________
9 south	________	10 kill	________
11 stand	________	12 boot	________
13 academy	________	14 than	________
15 birth	________	16 refrigerator	________

B 우리말 뜻에 맞는 영어 단어를 고르세요.

1	조언하다, 충고하다	① agree	② advise	③ lie
2	궁금하다; 놀라다	① wonder	② hurry	③ worry
3	모양, 형태	① weight	② shape	③ grade
4	의견, 견해	① opinion	② score	③ information
5	전투, 전쟁	① parade	② festival	③ battle
6	기쁨, 즐거움	① chance	② joy	③ luck
7	~ 안[속]으로	① below	② into	③ across
8	무서워하는	① afraid	② serious	③ upset
9	부디, 제발	① however	② ahead	③ please
10	나누다, 분할하다	① divide	② discuss	③ decide

C 우리말 뜻에 맞는 영어 단어를 쓰세요.

❶ 빈, 공백의	________	❷ 공장	________
❸ 엔진	________	❹ 영원히	________
❺ 판자, 널빤지	________	❻ 행운의, 운이 좋은	________
❼ 매주의, 주 1회의	________	❽ 식물; 심다	________
❾ 동굴	________	❿ 앞(쪽)으로, 앞에	________
⓫ 창의적인, 창조적인	________	⓬ 영상, 비디오	________
⓭ 평화	________	⓮ 논의하다	________
⓯ 연습하다; 연습	________	⓰ 국가의, 국가적인	________
⓱ 음악가, 뮤지션	________	⓲ 언어, 말	________

D 주어진 단어와 반대인 뜻을 가진 단어를 〈보기〉에서 골라 쓰세요.

보기 offline behind succeed

❶ ahead ________

❷ online ________

❸ fail ________

E 주어진 단어와 비슷한 뜻을 가진 단어를 〈보기〉에서 골라 쓰세요.

보기 kind empty garbage

❶ trash ________

❷ friendly ________

❸ blank ________

DAY 37

stay
[stei]

동사 **머무르다** 명사 **머무름, 방문**

She will **stay** at a hotel in Paris.
그녀는 파리에 있는 호텔에서 **머무를** 것이다.

dolphin
[dάlfin]

명사 **돌고래**

A **dolphin** jumped out of the water.
돌고래가 물 밖으로 뛰어올랐다.

daily
[déili]

부사 **매일, 날마다**
형용사 **매일의** 유의어 everyday 매일의

I brush my teeth three times **daily**.
나는 **매일** 세 번 이를 닦는다.

age
[eidʒ]

명사 **나이, 연령**

He entered school at the **age** of seven.
그는 7살의 **나이**에 학교에 입학했다.

shock
[ʃɑk]

명사 **충격, 충격적인 일** 동사 **충격을 주다**
형용사 shocking 충격적인 shocked 충격받은

The news was a **shock** to everyone.
그 소식은 모두에게 **충격**이었다.

cafeteria
[kæ̀fətíəriə]

명사 **구내식당, 카페테리아**

They had lunch in the **cafeteria**.
그들은 **구내식당**에서 점심을 먹었다.

학습일 1차: 월 일
2차: 월 일

own
[oun]

형용사 **자기 자신의** 동사 **소유하다**
명사 owner 주인, 소유자

I want to have my **own** room.
나는 나 **자신의** 방을 갖고 싶다.

plate
[pleit]

명사 **접시** 유의어 dish 접시, 그릇

put food on a **plate**
접시에 음식을 담다

sour
[sauər]

형용사 **신, 시큼한**

This lemon is too **sour**.
이 레몬은 너무 **시다**.

onion
[ʌ́njən]

명사 **양파**

Onions have a strong smell.
양파는 강한 냄새가 난다.

useful
[júːsfəl]

형용사 **유용한, 쓸모 있는**
유의어 helpful 도움이 되는, 유용한

This website is very **useful**.
이 웹사이트는 매우 **유용하다**.

century
[séntʃəri]

명사 1. **세기** 2. **1세기, 100년**

fashion in the 19th **century**
19**세기** 패션

DAY 37 DAILY TEST

A 단어를 듣고, 빈칸에 들어갈 알맞은 글자를 쓰세요.

❶ 

o __ i __ n

❷ 

u s e __ u __

❸ 

d a __ l y

❹ 

c __ f e __ e __ i a

❺ 

__ o u r

❻ 

s __ a y

B 우리말 뜻에 알맞은 단어가 되도록 글자를 바르게 배열하여 쓰세요.

❶ 나이, 연령 | g e a | __ __ __

❷ 세기; 1세기 | e t u c n y r | __ __ __ __ __ __ __

❸ 양파 | i n o n o | __ __ __ __ __

❹ 자기 자신의 | n w o | __ __ __

❺ 충격 | o s h k c | __ __ __ __ __

❻ 머무르다 | y s a t | __ __ __ __

C 그림에 알맞은 단어와 우리말 뜻을 찾아 줄을 이어 보세요.

❶ 	sour	돌고래
❷ 	dolphin	충격
❸ 	shock	접시
❹ 	plate	신, 시큼한

D 우리말 뜻에 알맞은 단어를 〈보기〉에서 골라 문장을 완성하세요.

보기	own	daily	cafeteria	useful

❶ 이 웹사이트는 매우 **유용하다**.
This website is very ______________.

❷ 나는 나 **자신의** 방을 갖고 싶다.
I want to have my ______________ room.

❸ 그들은 **구내식당**에서 점심을 먹었다.
They had lunch in the ______________.

❹ 나는 **매일** 세 번 이를 닦는다.
I brush my teeth three times ______________.

DAY 38

block
[blɑk]

명사 1. 덩어리, 블록, 토막 2. 한 구획[블록]
동사 (길·통로 등을) 막다

They built a tower with wooden **blocks.**
그들은 나무 **블록**으로 탑을 쌓았다.

war
[wɔːr]

명사 전쟁

The two countries are at **war.**
두 나라는 **전쟁** 중이다.

basic
[béisik]

형용사 기본적인, 기초적인

I know the **basic** rules of soccer.
나는 축구의 **기본적인** 규칙을 안다.

connect
[kənékt]

동사 연결하다, 잇다 유의어 join 연결하다

The bridge **connects** two cities.
그 다리는 두 도시를 **연결한다**.

healthy
[hélθi]

형용사 1. 건강한 2. 건강에 좋은
명사 health 건강

People need sleep to be **healthy.**
사람들은 **건강해**지기 위해 잠이 필요하다.

playground
[pléigràund]

명사 운동장, 놀이터

The **playground** has a big slide.
그 **놀이터**에는 큰 미끄럼틀이 있다.

학습일 1차: 월 일
2차: 월 일

over
[óuvər]

[전치사] 1. ~ 위에[로] 2. ~ 이상의
[반의어] under ~ 아래에[로]; ~ 미만의

A plane is flying **over** the mountain.
비행기가 산 **위로** 비행하고 있다.

skate
[skeit]

[동사] 스케이트를 타다 [명사] 스케이트

I will learn how to **skate**.
나는 **스케이트 타는** 법을 배울 것이다.

outside
[àutsáid]

[부사] 밖에[으로] [전치사] ~의 밖에
[반의어] inside 안에[으로]; ~의 안에

Let's go **outside** and get some air.
밖에 나가서 공기 좀 쐬자.

invent
[invént]

[동사] 발명하다 [명사] invention 발명(품)

We **invented** a new robot.
우리는 새로운 로봇을 **발명했다**.

character
[kǽriktər]

[명사] 1. 성격, 성질 2. 등장인물, 캐릭터

She has a quiet **character**.
그녀는 조용한 **성격**을 가졌다.

textbook
[tékstbùk]

[명사] 교과서

Look at the pictures in your **textbook**.
교과서에 있는 그림들을 보세요.

DAY 38

DAILY TEST

A 들려주는 순서대로 일치하는 그림에 번호를 쓰고, 알맞은 단어와 이어 보세요.

connect   invent   playground   textbook

B 우리말 뜻에 알맞은 단어가 되도록 글자를 바르게 배열하여 쓰세요.

❶ 덩어리, 블록 | k b o c l | _ _ _ _ _

❷ 밖에[으로] | e i s t o u d | _ _ _ _ _ _ _

❸ 건강한 | l t h h e a y | _ _ _ _ _ _ _

❹ ~ 위에[로] | v e o r | _ _ _ _

❺ 기본적인 | c a i b s | _ _ _ _ _

❻ 연결하다, 잇다 | c e n n t o c | _ _ _ _ _ _ _

C 그림에 알맞은 단어를 쓰고 퍼즐에서 찾아 동그라미 하세요.

❶ 

____

❷ 

____

❸ 

____

❹ 

____

i	n	v	e	n	t
s	o	d	g	k	s
w	j	i	c	w	k
x	a	o	g	g	a
y	l	r	o	f	t
b	a	m	i	c	e

D 우리말 뜻에 알맞은 단어를 〈보기〉에서 골라 문장을 완성하세요.

보기 character basic over healthy

❶ 그녀는 조용한 **성격**을 가졌다.
She has a quiet _______________.

❷ 나는 축구의 **기본적인** 규칙을 안다.
I know the _______________ rules of soccer.

❸ 사람들은 **건강해**지기 위해 잠이 필요하다.
People need sleep to be _______________.

❹ 비행기가 산 **위로** 비행하고 있다.
A plane is flying _______________ the mountain.

DAY 39

corner
[kɔ́ːrnər]

[명사] 1. **구석, 모서리** 2. **(길)모퉁이**

The drawer is in the **corner**.
서랍이 **구석**에 있다.

stress
[stres]

[명사] **스트레스, 압박**

Exercise can reduce your **stress**.
운동은 **스트레스**를 줄여줄 수 있다.

true
[truː]

[형용사] 1. **사실인** [반의어] false 거짓의
2. **진짜의**

This movie is based on a **true** story.
이 영화는 **실제의** 이야기에 바탕을 두고 있다.

dead
[ded]

[형용사] **죽은** [반의어] alive 살아 있는
[명사] death 죽음, 사망

There is a **dead** fish in the pond.
연못에 **죽은** 물고기가 있다.

bubble
[bʌ́bl]

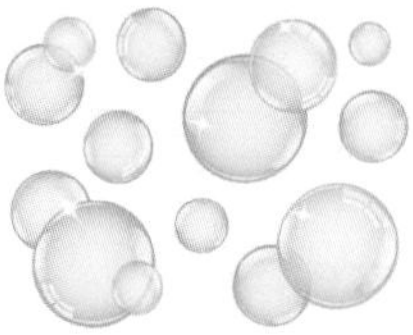

[명사] **거품, 비눗방울**

The kids are blowing **bubbles** outside.
아이들은 밖에서 **비눗방울**을 불고 있다.

miss
[mis]

[동사] 1. **놓치다, 빗나가다**
2. **(늦어서) 놓치다** 3. **그리워하다**

The player **missed** the ball.
선수가 공을 **놓쳤다**.

학습일 1차: 월 일
2차: 월 일

farmer
[fáːrmər]

명사 **농부** 명사 farm 농장

The **farmers** grow rice and corn.
농부들은 쌀과 옥수수를 재배한다.

print
[print]

동사 1. **인쇄하다** 2. **출판하다, 발행하다**
명사 printer 인쇄기, 프린터

Can you **print** the report out for me?
보고서를 **인쇄해** 주실 수 있나요?

solve
[sɑlv]

동사 **(문제를) 풀다, 해결하다**
명사 solution 해법, 해결책

She **solved** the problem easily.
그녀는 그 문제를 쉽게 **풀었다**.

culture
[kʌ́ltʃər]

명사 **문화** 형용사 cultural 문화의

Every country has a different **culture**.
모든 나라는 서로 다른 **문화**를 가지고 있다.

condition
[kəndíʃən]

명사 1. **상태** 2. **조건**

This car is in good **condition**.
이 차는 **상태**가 좋다.

tonight
[tənáit]

부사 **오늘 밤에** 명사 **오늘 밤**

We can see the full moon **tonight**.
우리는 **오늘 밤에** 보름달을 볼 수 있어.

DAY 39 DAILY TEST

A 단어를 듣고, 빈칸에 들어갈 알맞은 글자를 쓰세요.

❶ 

__iss

❷ 

p__in__

❸ 

to__igh__

❹ 

s__l__e

❺ 

tr__e

❻ 

__ea__

B 우리말 뜻에 알맞은 단어가 되도록 글자를 바르게 배열하여 쓰세요.

❶ 풀다, 해결하다 | o v l e s | ___ ___ ___ ___ ___

❷ 구석, 모서리 | r e r c o n | ___ ___ ___ ___ ___ ___

❸ 인쇄하다 | t n p i r | ___ ___ ___ ___ ___

❹ 농부 | e r a f r m | ___ ___ ___ ___ ___ ___

❺ 스트레스, 압박 | e s r t s s | ___ ___ ___ ___ ___ ___

❻ 놓치다 | s i m s | ___ ___ ___ ___

C 그림에 알맞은 단어와 우리말 뜻을 찾아 줄을 이어 보세요.

❶		corner	구석, 모서리
❷	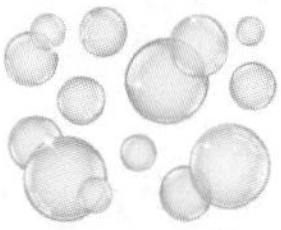	culture	거품, 비눗방울
❸		farmer	농부
❹		bubble	문화

D 우리말 뜻에 알맞은 단어를 〈보기〉에서 골라 문장을 완성하세요.

보기 stress condition tonight true

❶ 이 차는 **상태**가 좋다.
This car is in good ______________.

❷ 우리는 **오늘 밤에** 보름달을 볼 수 있어.
We can see the full moon ______________.

❸ 운동은 **스트레스**를 줄여줄 수 있다.
Exercise can reduce your ______________.

❹ 이 영화는 **실제의** 이야기에 바탕을 두고 있다.
This movie is based on a ______________ story.

DAY 40

toe
[tou]

명사 **발가락**

You stepped on my **toe.**
네가 내 **발가락**을 밟았어.
참고 finger 손가락

feed
[fiːd]

동사 **먹이다, 먹이를 주다**

Feed the dog twice a day.
하루에 두 번 개에게 **먹이를 주세요.**

beauty
[bjúːti]

명사 **아름다움, 미** 형용사 beautiful 아름다운

the **beauty** of nature
자연의 **아름다움**

message
[mésidʒ]

명사 **메시지**

Did you get my **message**?
제 **메시지** 받으셨어요?

dialogue
[dáiəlɔ̀ːg]

명사 **(책·연극·영화 속의) 대화**

a **dialogue** between two actors
두 배우들 사이의 **대화**

countryside
[kʌ́ntrisàid]

명사 **시골, 지방** 유의어 country 시골

He raises cows in the **countryside.**
그는 **시골**에서 소를 기른다.

학습일	1차: 월 일
	2차: 월 일

enemy
[énəmi]

[명사] 1. **적** 2. **적군, 적국**

I don't want to be your **enemy**.

나는 너의 **적**이 되고 싶지 않아.

celebrate
[séləbrèit]

[동사] **축하하다, 기념하다** [명사] celebration 축하

celebrate the New Year

새해를 **축하하다**

certain
[sə́ːrtn]

[형용사] **확신하는, 틀림없는** [유의어] sure 확신하는

He is **certain** to win the race.

그는 경주에서 **틀림없이** 이길 것이다.

adventure
[ədvéntʃər]

[명사] **모험**

He enjoyed the **adventure** in the jungle.

그는 정글에서의 **모험**을 즐겼다.

rough
[rʌf]

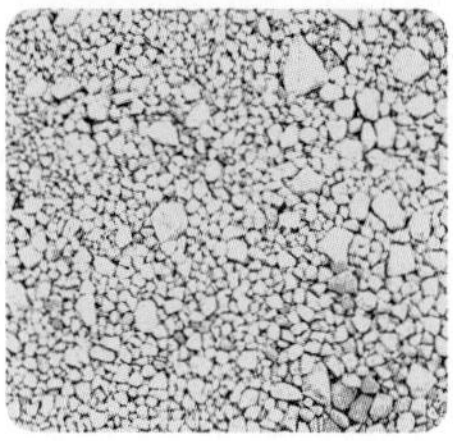

[형용사] **(표면이) 거친, 고르지 않은**
[반의어] smooth 매끈한

It's hard to ride a bike on a **rough** road.

거친 도로에서 자전거를 타는 것은 어렵다.

point
[pɔint]

[명사] 1. **요점, 핵심** 2. **득점, 점수**

Do you see the **point** of my question?

제 질문의 **요점**을 아시겠나요?

DAY 40 DAILY TEST

A 들려주는 순서대로 일치하는 그림에 번호를 쓰고, 알맞은 단어와 이어 보세요.

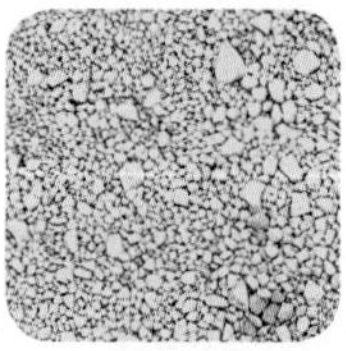

countryside　　rough　　dialogue　　celebrate

B 우리말 뜻에 알맞은 단어가 되도록 글자를 바르게 배열하여 쓰세요.

❶ 요점, 핵심　i p t o n　_ _ _ _ _

❷ 아름다움, 미　t e b y a u　_ _ _ _ _ _

❸ 확신하는, 틀림없는　t e c r n i a　_ _ _ _ _ _ _

❹ 대화　d l i g u e a o　_ _ _ _ _ _ _ _

❺ 거친, 고르지 않은　o g r h u　_ _ _ _ _

❻ 메시지　e s m e s a g　_ _ _ _ _ _ _

C 그림에 알맞은 단어를 쓰고 퍼즐에서 찾아 동그라미 하세요.

❶ 

____

❷ 

____

❸ 

____

❹ 

____

m	e	s	s	a	g	e
o	w	q	t	r	e	y
i	p	h	l	o	n	d
n	c	a	q	t	e	r
t	h	u	c	e	m	r
g	u	b	f	s	y	o
e	b	l	a	u	z	y

D 우리말 뜻에 알맞은 단어를 〈보기〉에서 골라 문장을 완성하세요.

보기	countryside	certain	adventure	point

❶ 그는 경주에서 **틀림없이** 이길 것이다.
He is __________ to win the race.

❷ 그는 **시골**에서 소를 기른다.
He raises cows in the __________.

❸ 제 질문의 **요점**을 아시겠나요?
Do you see the __________ of my question?

❹ 그는 정글에서의 **모험**을 즐겼다.
He enjoyed the __________ in the jungle.

DAY 37-40

REVIEW TEST

A 각 영어 단어의 우리말 뜻을 쓰세요.

1 textbook	________	2 over	________
3 print	________	4 age	________
5 stay	________	6 bubble	________
7 feed	________	8 character	________
9 plate	________	10 sour	________
11 outside	________	12 celebrate	________
13 countryside	________	14 miss	________
15 war	________	16 dialogue	________

B 우리말 뜻에 맞는 영어 단어를 고르세요.

1	충격, 충격적인 일	① danger	② shock	③ mistake
2	발명하다	① invite	② invent	③ spend
3	적; 적군, 적국	① hero	② crowd	③ enemy
4	구석, 모서리	① corner	② center	③ stair
5	(표면이) 거친	① curly	② empty	③ rough
6	연결하다, 잇다	① protect	② collect	③ connect
7	(문제를) 풀다, 해결하다	① wish	② solve	③ print
8	기본적인, 기초적인	① basic	② difficult	③ special
9	오늘 밤에	① forever	② early	③ tonight
10	사실인; 진짜의	① safe	② true	③ sure

C 우리말 뜻에 맞는 영어 단어를 쓰세요.

❶ 자기 자신의	________	❷ 문화	________
❸ 아름다움, 미	________	❹ 발가락	________
❺ 돌고래	________	❻ 요점, 핵심	________
❼ 스케이트를 타다	________	❽ 덩어리, 블록, 토막	________
❾ 구내식당	________	❿ 건강한	________
⓫ 모험	________	⓬ 상태; 조건	________
⓭ 세기; 1세기	________	⓮ 양파	________
⓯ 스트레스, 압박	________	⓰ 농부	________
⓱ 운동장, 놀이터	________	⓲ 메시지	________

D 주어진 단어와 반대인 뜻을 가진 단어를 〈보기〉에서 골라 쓰세요.

보기	smooth	alive	false

❶ **rough** ________

❷ **true** ________

❸ **dead** ________

E 주어진 단어와 비슷한 뜻을 가진 단어를 〈보기〉에서 골라 쓰세요.

보기	helpful	everyday	sure

❶ **daily** ________

❷ **certain** ________

❸ **useful** ________

· Vocabulary with Pictures ·

WEATHER

Q: How's the weather today?
A: It's hot and sunny.

ANSWER KEY

DAY 01

DAILY TEST p. 12

A

1. i, l 2. p, s
3. r, d 4. v
5. h 6. m

B

1. decide 2. grade
3. lesson 4. space
5. think 6. across

C

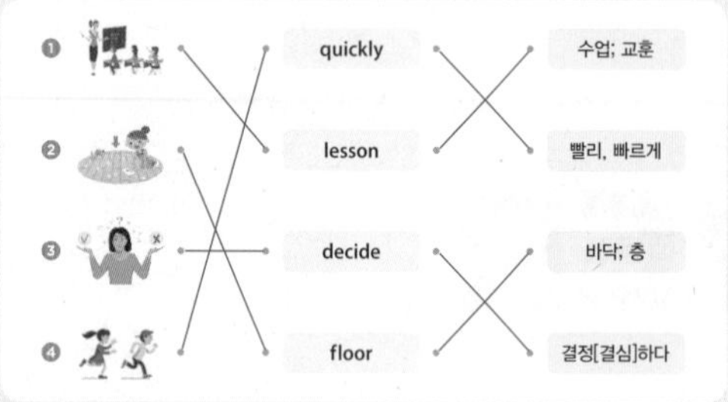

D

1. person 2. live
3. across 4. think

SCRIPT

A

1. quickly 2. person
3. grade 4. live
5. hard 6. calm

DAY 02

DAILY TEST p. 16

A

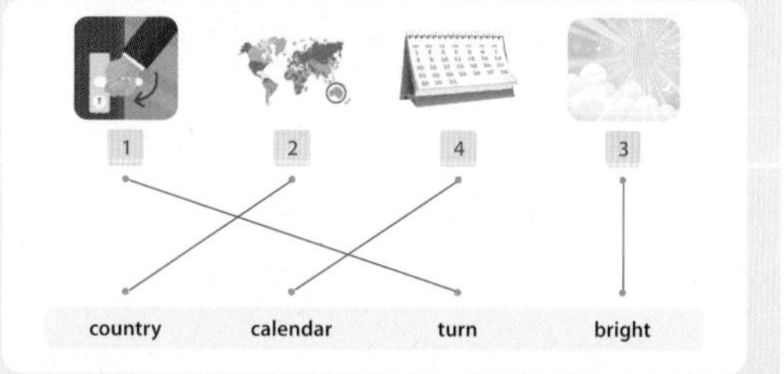

B

1. lazy 2. free
3. habit 4. use
5. take 6. perfect

C

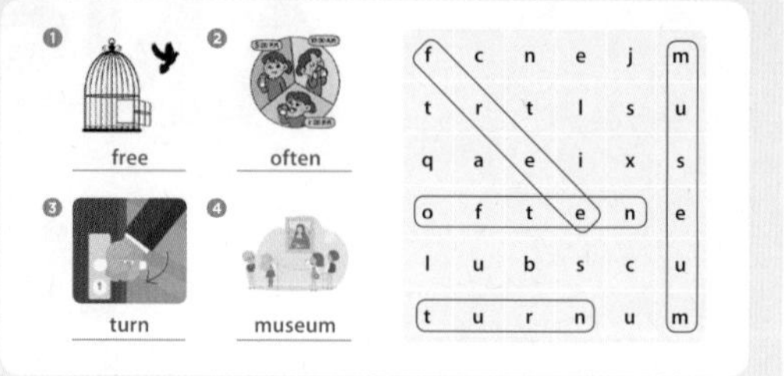

D

1. take 2. country
3. bright 4. museum

SCRIPT

A

1. turn 2. country
3. bright 4. calendar

DAY 03

DAILY TEST .... p. 20

A

1. h, k
2. o, o, r
3. i, d
4. r, d
5. o
6. s, h

B

1. show
2. bored
3. easily
4. curious
5. fun
6. thank

C

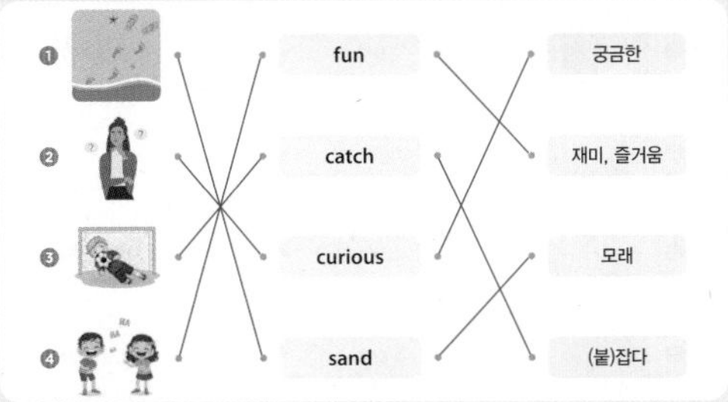

D

1. show
2. easily
3. bookstore
4. catch

SCRIPT

A

1. thank
2. bookstore
3. idea
4. bored
5. front
6. fashion

DAY 04

DAILY TEST .... p. 24

A

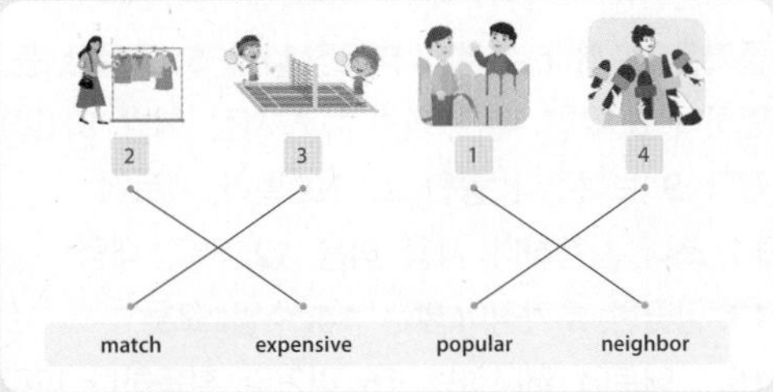

B

1. climb
2. win
3. honest
4. god
5. match
6. because

C

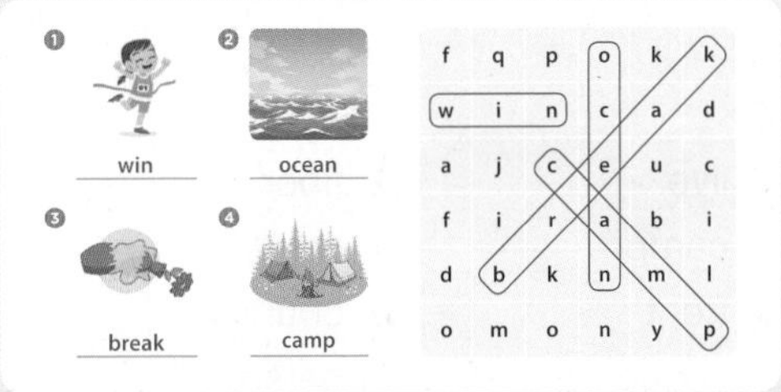

D

1. popular
2. expensive
3. break
4. because

SCRIPT

A

1. neighbor
2. expensive
3. match
4. popular

DAY 01-04 REVIEW TEST p. 26

A

1. 생각, 아이디어; 지식, 이해 **2.** ~을 가로질러; ~ 맞은편에, ~ 건너편에 **3.** 재미, 즐거움; 재미있는, 즐거운 **4.** 깨다, 부서지다; 고장 나다 **5.** 오르다, 등반하다 **6.** 유행; 패션, 의류업 **7.** 서점, 책방 **8.** (붙)잡다 **9.** 보여주다; 공연, 쇼 **10.** 빨리, 빠르게 **11.** 쓰다, 사용하다; 사용, 이용 **12.** 바다; 대양 **13.** 궁금한, 호기심이 많은 **14.** 수업; 교훈 **15.** ~ 때문에, 왜냐하면 **16.** 이기다; 획득하다, 따다

B

1. ② **2.** ①
3. ② **4.** ③
5. ② **6.** ①
7. ③ **8.** ③
9. ② **10.** ③

C

1. live **2.** floor
3. camp **4.** easily
5. front **6.** country
7. space **8.** person
9. calendar **10.** hard
11. sand **12.** habit
13. think **14.** neighbor
15. god **16.** popular
17. calm **18.** expensive

D

1. slowly **2.** dark
3. excited

E

1. excellent **2.** class
3. game

DAY 05

DAILY TEST p. 30

A

1. r **2.** n, n
3. t **4.** d, s
5. d, e **6.** s, l

B

1. island **2.** wear
3. plan **4.** around
5. bill **6.** sell

C

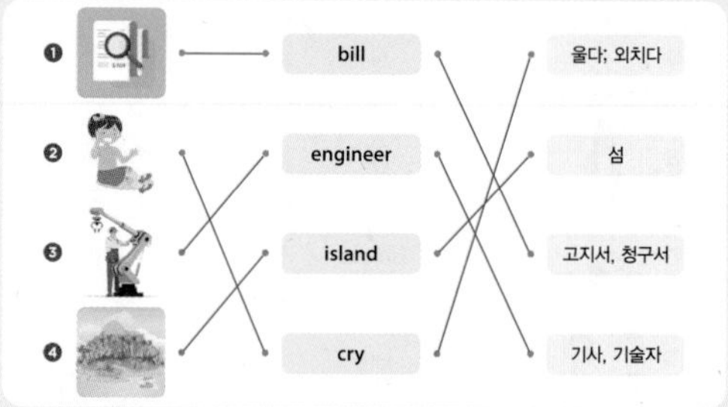

D

1. address **2.** around
3. wear **4.** fat

SCRIPT

A

1. cry **2.** funny
3. fat **4.** address
5. hundred **6.** sell

DAY 06

DAILY TEST

p. 34

A

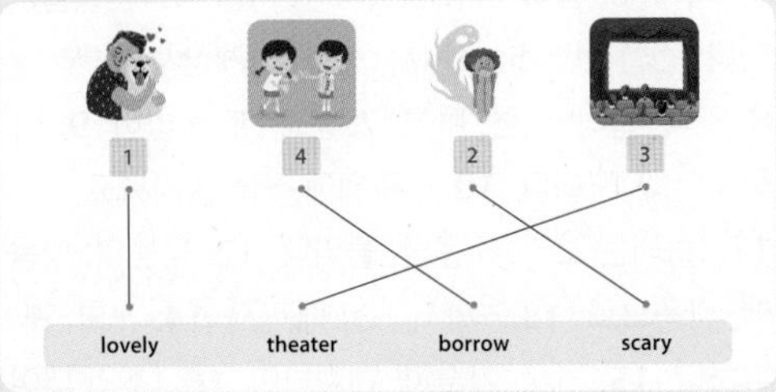

B

1. forest **2.** create
3. memory **4.** cash
5. mistake **6.** without

C

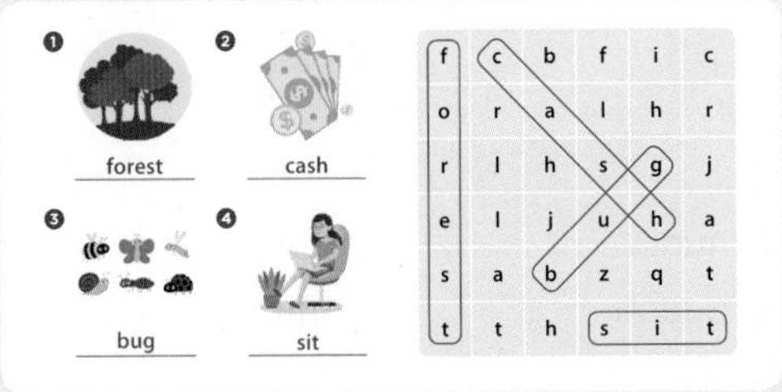

D

1. lovely **2.** borrow
3. without **4.** sit

SCRIPT

A

1. lovely **2.** scary
3. theater **4.** borrow

DAY 07

DAILY TEST

p. 38

A

1. b, h **2.** a
3. r, h **4.** r, m
5. x **6.** a

B

1. example **2.** past
3. try **4.** hear
5. early **6.** beach

C

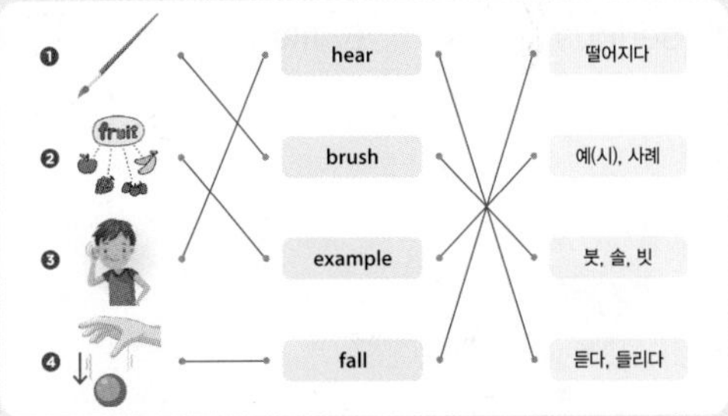

D

1. tail **2.** try
3. past **4.** early

SCRIPT

A

1. beach **2.** cage
3. brush **4.** problem
5. next **6.** tail

DAY 08

DAILY TEST .... p. 42

A

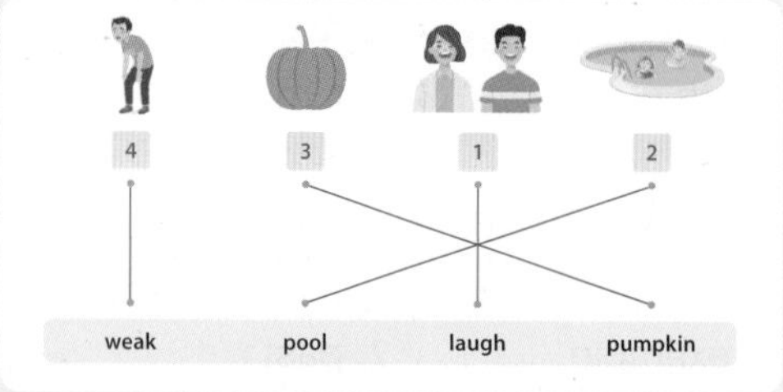

B

1. loud 2. ride
3. office 4. laugh
5. serious 6. life

C

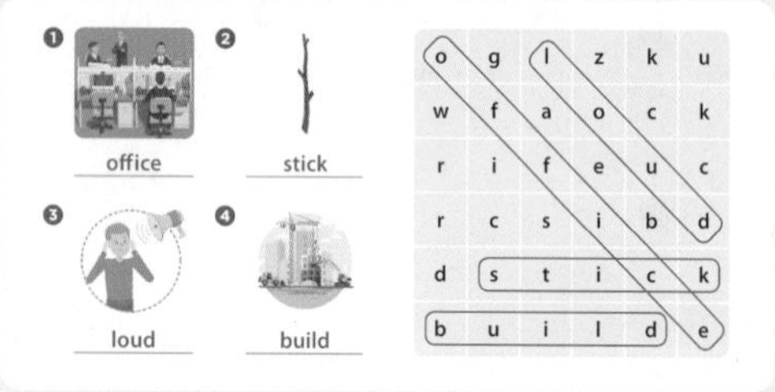

D

1. weak 2. serious
3. until 4. build

SCRIPT

A

1. laugh 2. pool
3. pumpkin 4. weak

DAY 05-08 REVIEW TEST .... p. 44

A

1. 사랑스러운, 귀여운 **2.** 과거의, 지나간; (바로) 지난; 과거 **3.** 떨어지다; 넘어지다; 가을 **4.** (건물을) 짓다, 건설하다 **5.** 고지서, 청구서, 계산서; 지폐 **6.** 일찍, 빨리; 이른, 빠른 **7.** 문제 **8.** ~ 없이 **9.** 노력하다; 시도하다 **10.** ~ 주위에, ~을 둘러싸고 **11.** (들리는 소리를) 듣다, 들리다 **12.** 다음의; 다음에, 다음으로 **13.** ~까지; ~할 때까지 **14.** 계획; 계획하다 **15.** 기사, 기술자, 엔지니어 **16.** (소리 내어) 웃다; 웃음(소리)

B

1. ② 2. ①
3. ③ 4. ③
5. ① 6. ①
7. ② 8. ③
9. ② 10. ②

C

1. hundred 2. stick
3. beach 4. office
5. life 6. theater
7. sell 8. serious
9. tail 10. ride
11. scary 12. forest
13. borrow 14. example
15. cage 16. pumpkin
17. address 18. brush

D

1. thin 2. strong
3. stand

E

1. error 2. insect
3. make

DAY 09

DAILY TEST p. 48

A

1. j
2. e, i
3. r
4. i
5. t, r, g
6. f, s, v

B

1. mad
2. church
3. thing
4. keep
5. sure
6. join

C

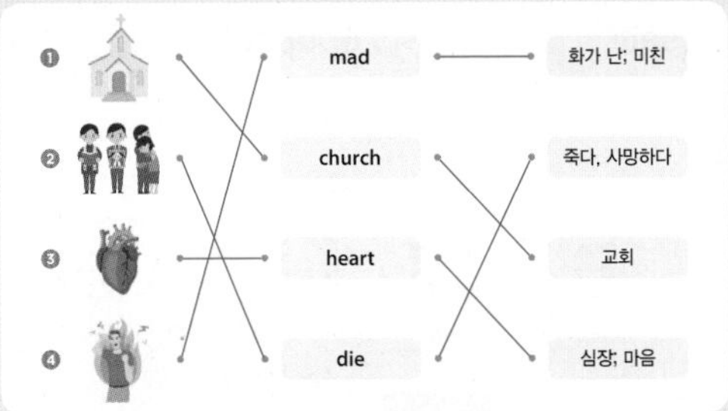

D

1. festival
2. sure
3. weight
4. strange

SCRIPT

A

1. join
2. weight
3. heart
4. first
5. strange
6. festival

DAY 10

DAILY TEST p. 52

A

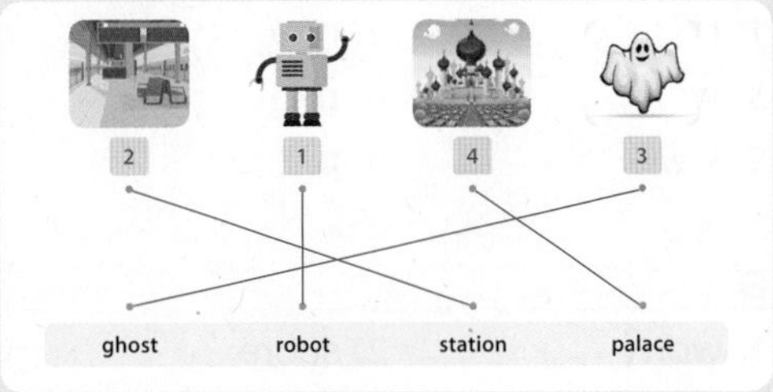

B

1. lonely
2. ghost
3. race
4. above
5. garbage
6. pick

C

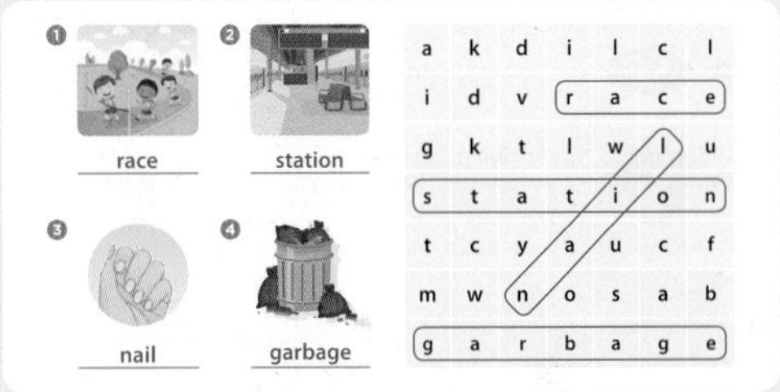

D

1. lonely
2. fantastic
3. above
4. let

SCRIPT

A

1. robot
2. station
3. ghost
4. palace

DAY 11

DAILY TEST .... p. 56

A

1. r 2. n, e
3. w 4. p
5. l, w 6. p

B

1. worry 2. score
3. hero 4. careful
5. follow 6. speak

C

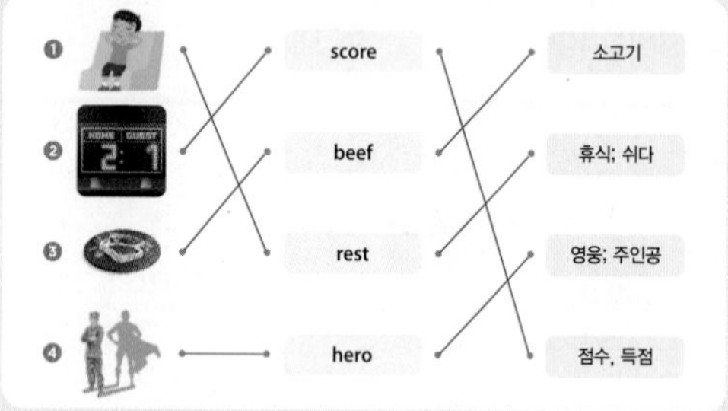

D

1. wood 2. careful
3. copy 4. fence

SCRIPT

A

1. rest 2. fence
3. wood 4. top
5. follow 6. copy

DAY 12

DAILY TEST .... p. 60

A

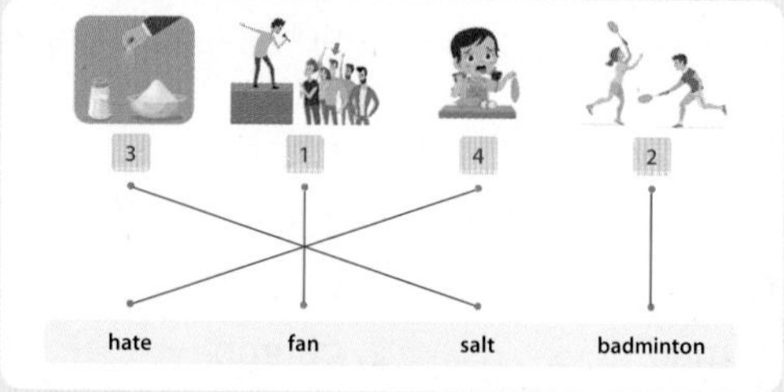

B

1. push 2. almost
3. contest 4. safe
5. salt 6. upset

C

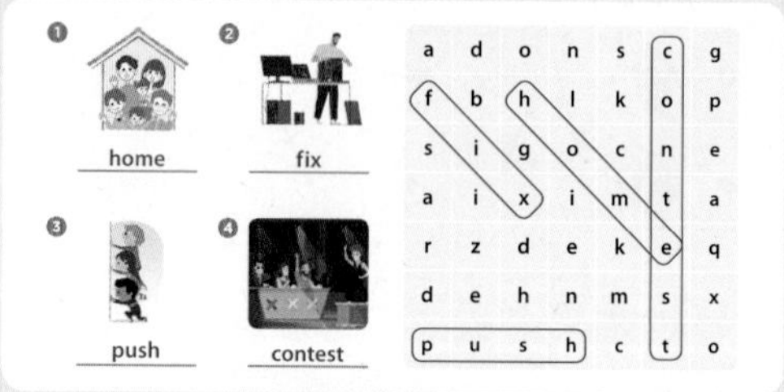

D

1. hate 2. almost
3. difficult 4. upset

SCRIPT

A

1. fan 2. badminton
3. salt 4. hate

DAY 09-12
REVIEW TEST .... p. 62

A

1. 물건, 것 **2.** 쓰레기 **3.** 속상한, 화난; 속상하게 하다 **4.** 대회, 시합, 콘테스트 **5.** 집, 가정; 집에, 집으로 **6.** 말하다, 이야기하다 **7.** 첫 (번)째의; 일등의; 우선, 먼저 **8.** 고치다; 고정시키다 **9.** 거의 **10.** 휴식; 쉬다, 휴식하다 **11.** 어려운, 힘든 **12.** 가입하다; 연결하다 **13.** (몹시) 싫어하다, 미워하다 **14.** ~하게 하다, ~하도록 허락하다 **15.** (상태를) 유지하다; 계속하다 **16.** 복사(본), 복제(본); 복사하다, 베끼다

B

1. ② **2.** ①
3. ③ **4.** ②
5. ① **6.** ③
7. ② **8.** ③
9. ② **10.** ①

C

1. nail **2.** ghost
3. follow **4.** fan
5. robot **6.** heart
7. hero **8.** salt
9. sure **10.** beef
11. palace **12.** die
13. wood **14.** race
15. weight **16.** badminton
17. score **18.** hate

D

1. bottom **2.** dangerous
3. pull

E

1. nearly **2.** choose
3. wonderful

DAY 13

DAILY TEST .... p. 66

A

1. f **2.** e, l
3. r, s **4.** j
5. n **6.** c, o, d

B

1. health **2.** talk
3. fact **4.** bottle
5. cover **6.** role

C

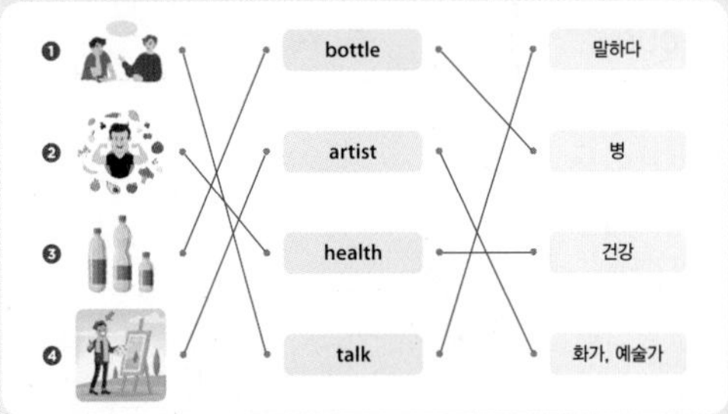

D

1. jeans **2.** wife
3. Cover **4.** facts

SCRIPT

A

1. wife **2.** special
3. artist **4.** jeans
5. hang **6.** background

DAY 14

DAILY TEST p. 70

A

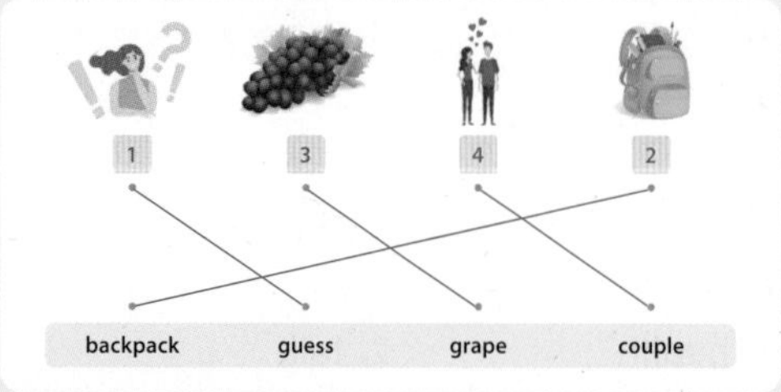

B

1. desert 2. bring
3. rule 4. couple
5. curly 6. ready

C

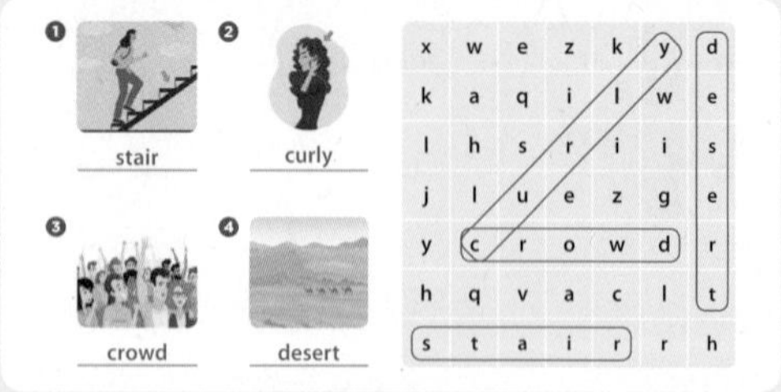

D

1. backpack 2. ready
3. guess 4. by

SCRIPT

A

1. guess 2. backpack
3. grape 4. couple

DAY 15

DAILY TEST p. 74

A

1. o, f 2. i, n
3. d, a 4. r, v
5. s, e, s 6. s, r

B

1. cross 2. death
3. coin 4. must
5. battery 6. return

C

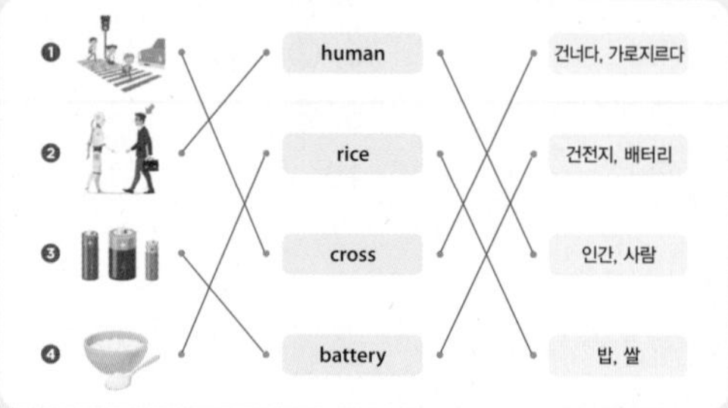

D

1. shower 2. nervous
3. return 4. must

SCRIPT

A

1. colorful 2. coin
3. death 4. nervous
5. business 6. shower

DAY 16

DAILY TEST .... p. 78

A

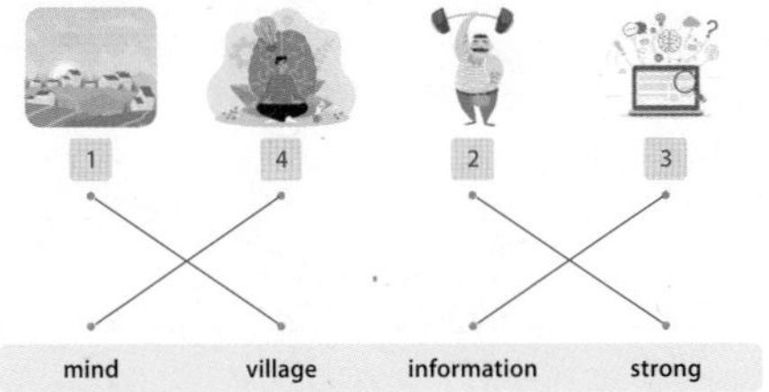

B

1. against **2.** writer
3. enjoy **4.** mind
5. sentence **6.** may

C

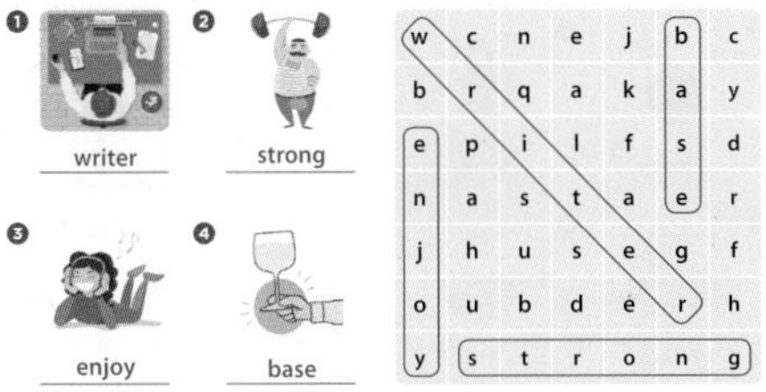

D

1. village **2.** traditional
3. away **4.** may

SCRIPT

A

1. village **2.** strong
3. information **4.** mind

DAY 13-16 REVIEW TEST .... p. 80

A

1. 계단 **2.** 사업, 거래; (직장의) 일, 업무 **3.** ~해야 한다; ~임에 틀림없다 **4.** 마음, 정신; 꺼리다, 싫어하다 **5.** [시간·장소] 떨어져, 멀리 **6.** 걸(리)다, 매달(리)다 **7.** ~일지도 모른다; ~해도 된다 **8.** 화가, 예술가 **9.** 병; 한 병(의 양) **10.** 건너다, 가로지르다 **11.** 작가, 쓴 사람 **12.** [위치] ~ 옆에; [수단·방법] ~에 의해, ~으로 **13.** (사물의) 맨 아랫부분, 밑바닥; 기초, 토대 **14.** 아내, 부인 **15.** 가져오다, 데려오다 **16.** (시골) 마을

B

1. ③ **2.** ①
3. ③ **4.** ②
5. ② **6.** ①
7. ① **8.** ③
9. ③ **10.** ②

C

1. desert **2.** shower
3. battery **4.** grape
5. rice **6.** special
7. against **8.** ready
9. role **10.** coin
11. traditional **12.** sentence
13. guess **14.** nervous
15. couple **16.** return
17. rule **18.** background

D

1. birth **2.** calm
3. straight

E

1. person **2.** speak
3. powerful

DAY 17

DAILY TEST p. 84

A

1. o, s
2. w, d, f
3. c, n
4. w, p, r
5. a
6. i

B

1. last
2. nothing
3. prize
4. need
5. travel
6. file

C

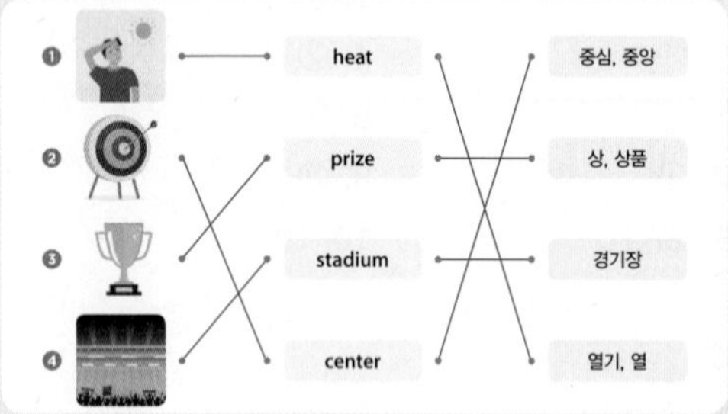

D

1. travel
2. nothing
3. stadium
4. boss

SCRIPT

A

1. boss
2. wonderful
3. center
4. newspaper
5. heat
6. file

DAY 18

DAILY TEST p. 88

A

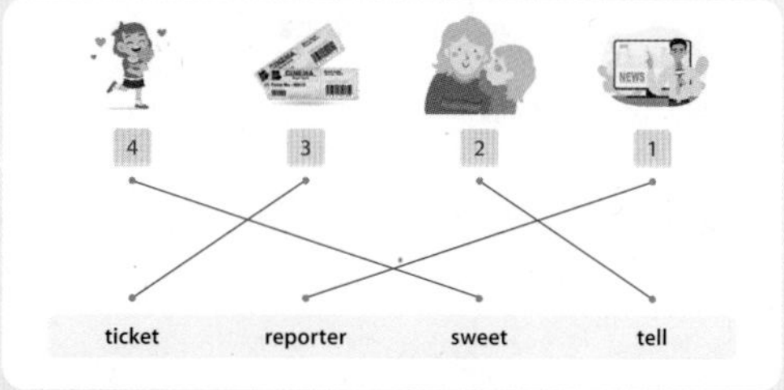

B

1. form
2. sweet
3. forget
4. large
5. however
6. shake

C

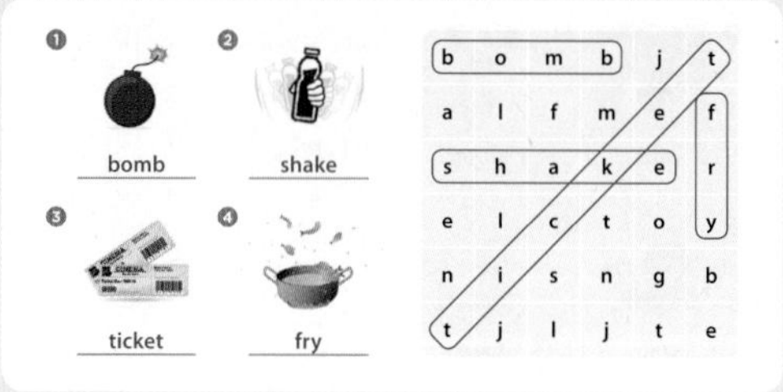

D

1. form
2. along
3. However
4. forget

SCRIPT

A

1. reporter
2. tell
3. ticket
4. sweet

DAY 19

DAILY TEST .... p. 92

A

1. l 2. g, b, e
3. i 4. b, w
5. b, o 6. m, h, t

B

1. club 2. oil
3. blood 4. same
5. real 6. control

C

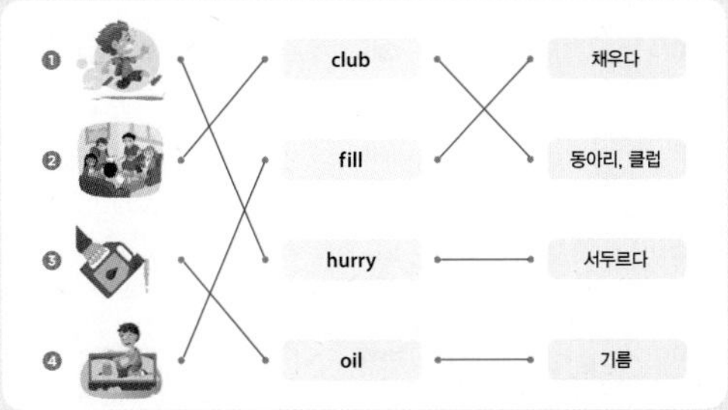

D

1. hurry 2. real
3. vegetables 4. same

SCRIPT

A

1. lady 2. vegetable
3. fill 4. subway
5. blood 6. mathematics

DAY 20

DAILY TEST .... p. 96

A

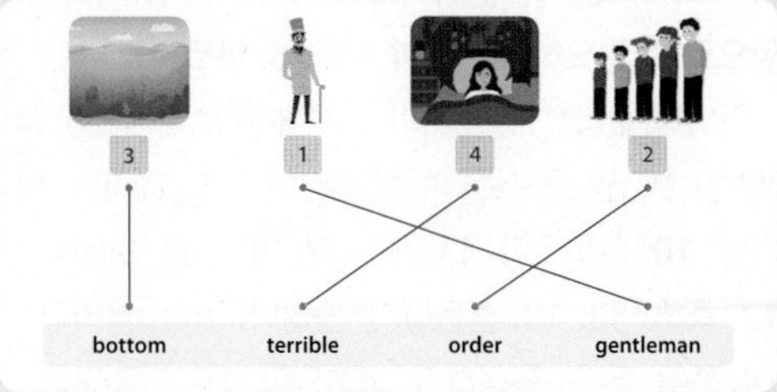

B

1. wall 2. carry
3. danger 4. giant
5. enough 6. bottom

C

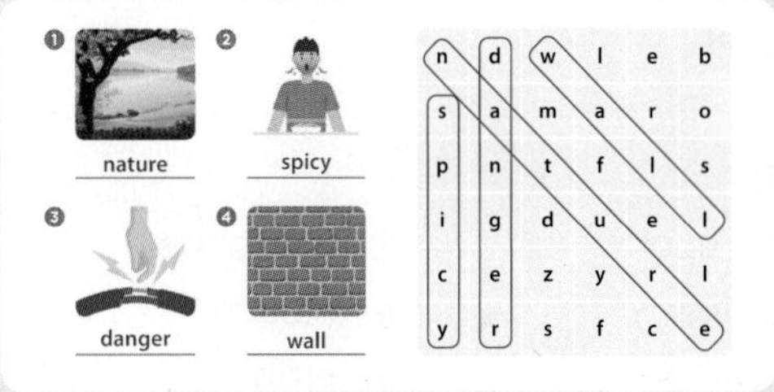

D

1. carry 2. gentleman
3. congratulated 4. order

SCRIPT

A

1. gentleman 2. order
3. bottom 4. terrible

DAY 17-20
REVIEW TEST p. 98

A

1. 아주 멋진, 훌륭한 **2.** 열기, 열; 가열하다, 데우다 **3.** 나르다, 운반하다; 가지고 다니다 **4.** ~을 따라서; 앞으로 **5.** 필요하다; ~해야 하다 **6.** 아무것도 ~ 아니다[없다] **7.** 지배하다, 통제하다; 지배(권), 통제(력) **8.** (먼 곳으로) 여행하다; 여행 **9.** 그러나, 하지만 **10.** 서두르다 **11.** 맨 아래, 바닥; 맨 아래의 **12.** 축하하다 **13.** 흔들다, 흔들리다; 떨다, 떨리다 **14.** 종류, 유형; 형성하다, 형성되다 **15.** 마지막의; 지난, 최근의 **16.** 여자분, 여성, 숙녀

B

1. ③ **2.** ①
3. ① **4.** ③
5. ② **6.** ①
7. ② **8.** ①
9. ② **10.** ③

C

1. reporter **2.** newspaper
3. file **4.** enough
5. fill **6.** terrible
7. bomb **8.** wall
9. order **10.** stadium
11. nature **12.** forget
13. subway **14.** club
15. sweet **16.** blood
17. danger **18.** oil

D

1. small **2.** different
3. first

E

1. hot **2.** middle
3. great

DAY 21

DAILY TEST p. 104

A

1. s **2.** w, e
3. c, t **4.** o, l
5. p, d **6.** l, n, y

B

1. design **2.** empty
3. fever **4.** noodle
5. lose **6.** main

C

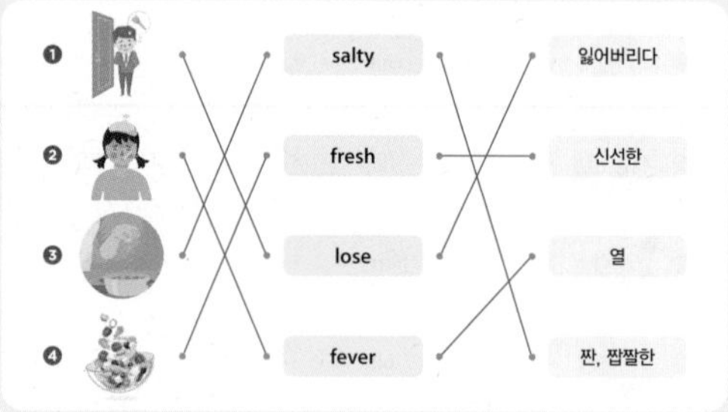

D

1. twice **2.** accent
3. design **4.** main

SCRIPT

A

1. fresh **2.** twice
3. accent **4.** noodle
5. speed **6.** elementary

DAY 22

DAILY TEST .... p. 108

A

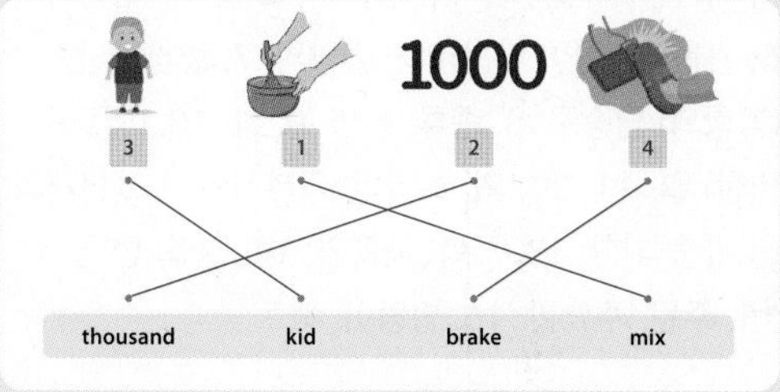

B

1. invite　　**2.** type
3. gesture　　**4.** east
5. future　　**6.** below

C

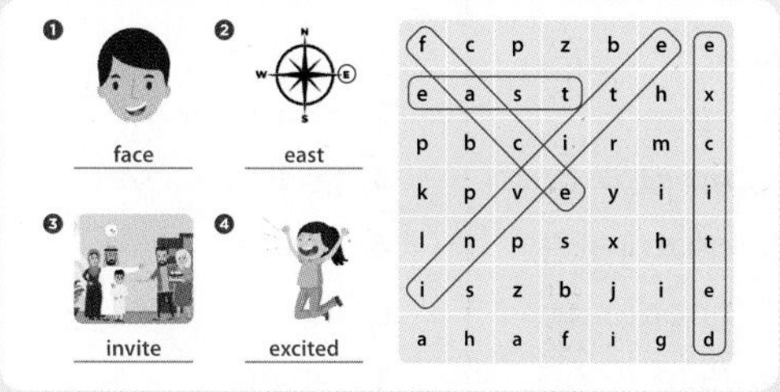

D

1. below　　**2.** future
3. Mix　　**4.** excited

SCRIPT

A

1. mix　　**2.** thousand
3. kid　　**4.** brake

DAY 23

DAILY TEST .... p. 112

A

1. d, c, n　　**2.** y
3. k, y　　**4.** s, t
5. i, d　　**6.** p, e

B

1. north　　**2.** brand
3. far　　**4.** throw
5. field　　**6.** middle

C

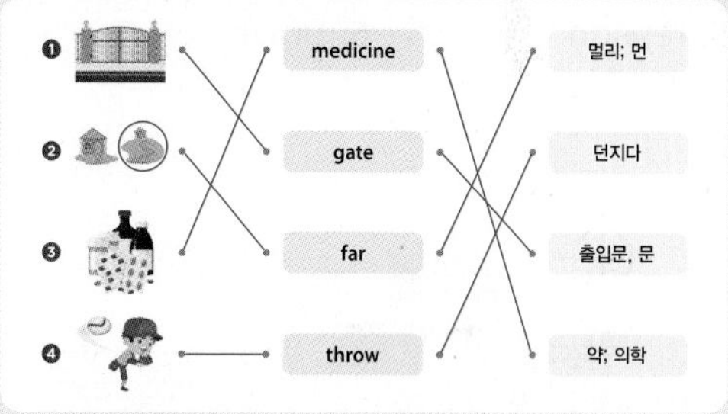

D

1. shout　　**2.** present
3. bakery　　**4.** north

SCRIPT

A

1. medicine　　**2.** cycle
3. bakery　　**4.** shout
5. field　　**6.** present

DAY 24

DAILY TEST .... p. 116

A

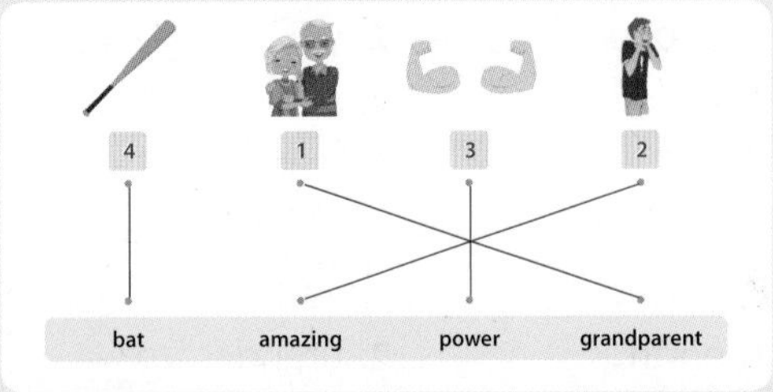

B

1. wild **2.** protect
3. west **4.** amazing
5. reason **6.** power

C

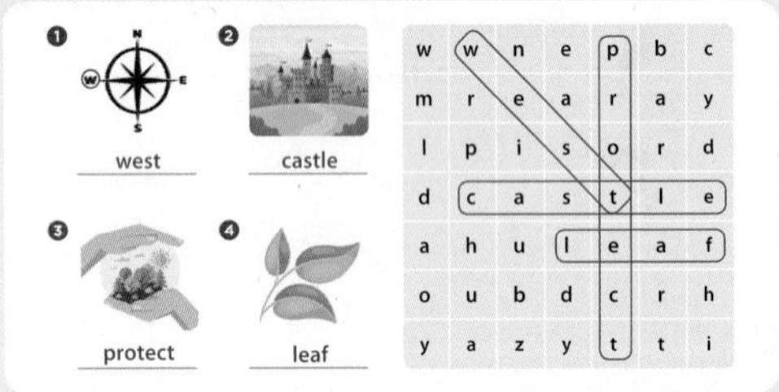

D

1. grandparents **2.** become
3. if **4.** castles

SCRIPT

A

1. grandparent **2.** amazing
3. power **4.** bat

DAY 21-24 REVIEW TEST .... p. 118

A

1. 신이 난, 들뜬 **2.** ~이 되다, ~해지다 **3.** 힘, 능력 **4.** 디자인; 디자인하다, 설계하다 **5.** 섞다, 섞이다 **6.** 가운데, 중앙; 가운데의, 중앙의 **7.** 출입문, 문; (공항의) 탑승구 **8.** 종류, 유형 **9.** 성 **10.** (병으로 인한) 열 **11.** 초보의, 초급의; 기본적인 **12.** 현재의; 참석[출석]한 **13.** 서쪽; 서쪽의 **14.** 멀리; 먼 **15.** 주된, 주요한 **16.** 방망이, 배트

B

1. ① **2.** ③
3. ② **4.** ③
5. ② **6.** ③
7. ① **8.** ②
9. ② **10.** ①

C

1. speed **2.** grandparent
3. empty **4.** fresh
5. gesture **6.** protect
7. noodle **8.** if
9. face **10.** invite
11. brand **12.** field
13. brake **14.** reason
15. leaf **16.** east
17. medicine **18.** throw

D

1. win **2.** above
3. full

E

1. wonderful **2.** yell
3. child

DAY 25

DAILY TEST .... p. 122

A

1. r, g　**2.** d, f, n
3. t　**4.** a
5. h, d, c　**6.** r, l

B

1. chance　**2.** taste
3. actor　**4.** spend
5. bite　**6.** adult

C

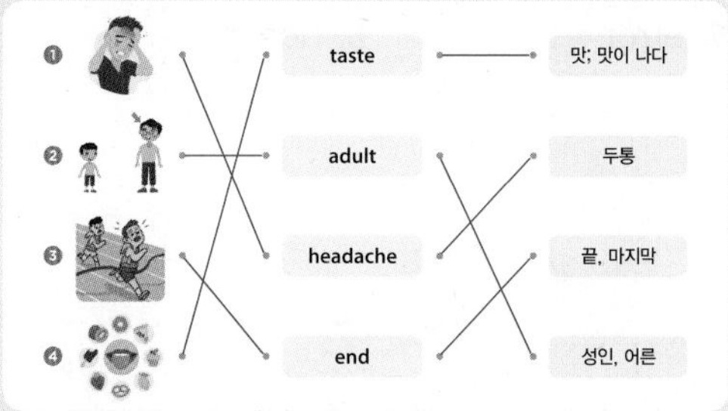

D

1. straight　**2.** chance
3. different　**4.** spend

SCRIPT

A

1. straight　**2.** different
3. bite　**4.** pear
5. headache　**6.** world

DAY 26

DAILY TEST .... p. 126

A

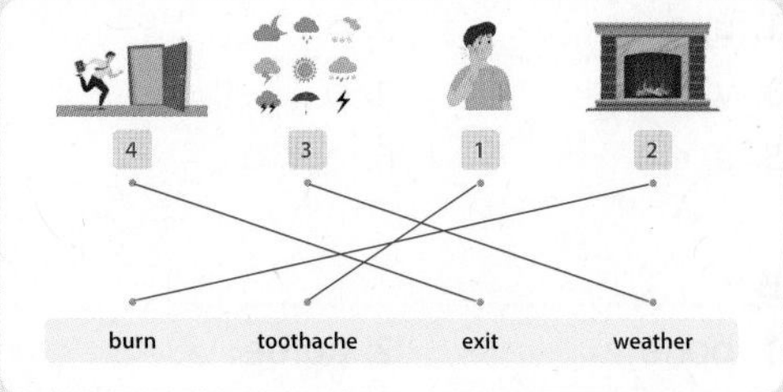

B

1. during　**2.** teenager
3. accident　**4.** burn
5. cost　**6.** exit

C

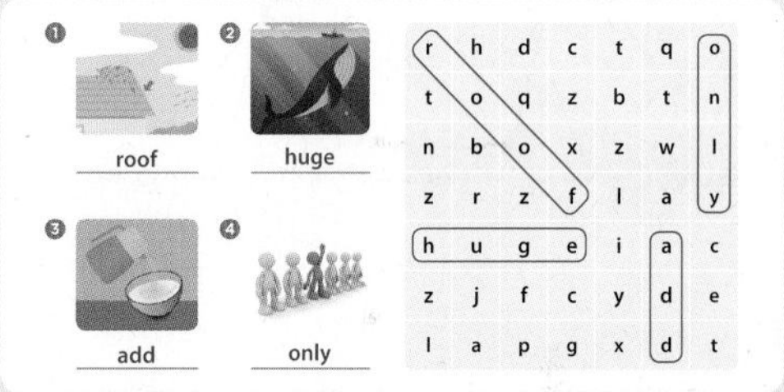

D

1. toothache　**2.** during
3. cost　**4.** Only

SCRIPT

A

1. toothache　**2.** burn
3. weather　**4.** exit

DAY 27

DAILY TEST .... p. 130

A

1. u, d
2. r
3. v, t, n
4. p
5. s, r, u
6. p, t, g

B

1. bone
2. agree
3. side
4. clever
5. rich
6. collect

C

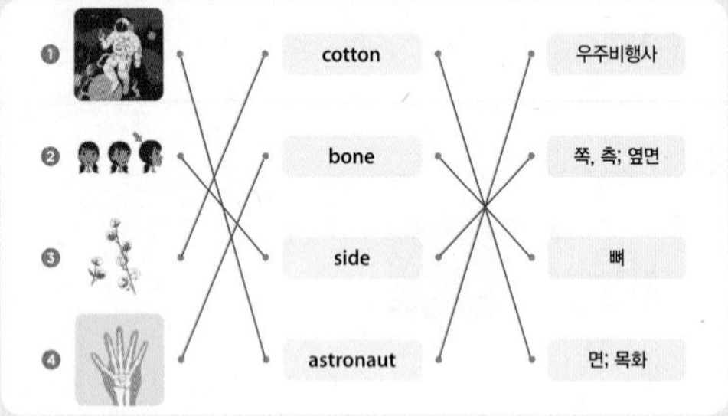

D

1. painting
2. clever
3. guide
4. agree

SCRIPT

A

1. guide
2. rich
3. vacation
4. drop
5. astronaut
6. painting

DAY 28

DAILY TEST .... p. 134

A

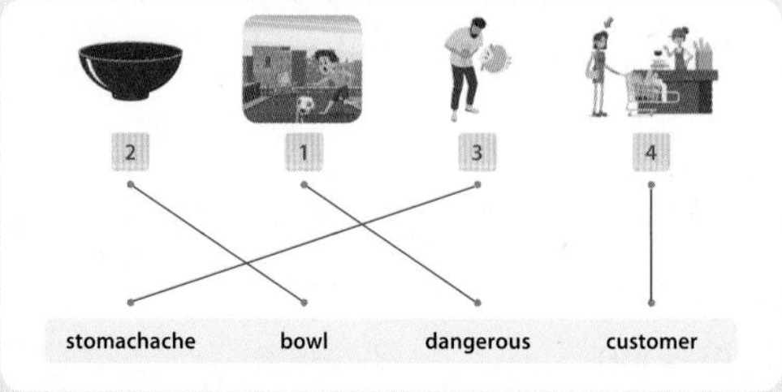

B

1. luck
2. then
3. other
4. pond
5. error
6. dentist

C

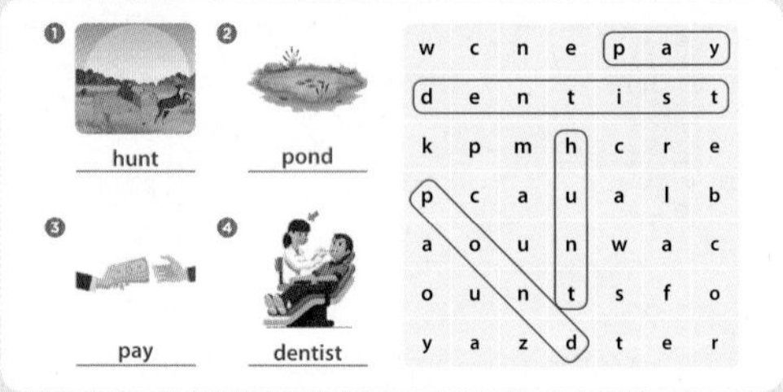

D

1. pay
2. dangerous
3. stomachache
4. other

SCRIPT

A

1. dangerous
2. bowl
3. stomachache
4. customer

DAY 25-28 REVIEW TEST .... p. 136

A

1. (과거·미래의) 그때; 그 다음에 **2.** 쪽, 측; 옆면, 측면 **3.** 비용, 값; (비용·값이) 들다 **4.** 모으다, 수집하다 **5.** 끝, 마지막; 끝나다, 끝내다 **6.** 십 대 **7.** 실수, 오류; [컴퓨터] 에러 **8.** 위험한 **9.** 휴가, 방학 **10.** (돈을) 쓰다; (시간을) 보내다 **11.** (움푹한) 그릇, 사발; 한 그릇(의 양) **12.** 그림 **13.** 성인, 어른 **14.** [특정 기간] ~ 동안 (내내) **15.** 치통 **16.** 배

B

1. ②	**2.** ③
3. ②	**4.** ①
5. ②	**6.** ①
7. ③	**8.** ③
9. ②	**10.** ①

C

1. guide	**2.** roof
3. pond	**4.** pay
5. exit	**6.** luck
7. chance	**8.** different
9. bite	**10.** taste
11. world	**12.** bone
13. cotton	**14.** hunt
15. astronaut	**16.** actor
17. weather	**18.** stomachache

D

1. disagree	**2.** entrance
3. tiny	

E

1. smart	**2.** holiday
3. fall	

DAY 29

DAILY TEST .... p. 140

A

1. l	**2.** l
3. y	**4.** h, m
5. a	**6.** u, p

B

1. wish	**2.** minute
3. company	**4.** each
5. case	**6.** humor

C

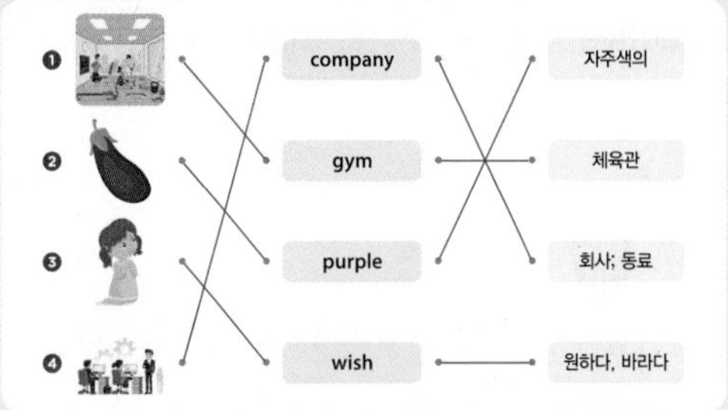

D

1. interest	**2.** case
3. minutes	**4.** alone

SCRIPT

A

1. alone	**2.** lie
3. gym	**4.** humor
5. wake	**6.** purple

DAY 30

DAILY TEST p. 144

A

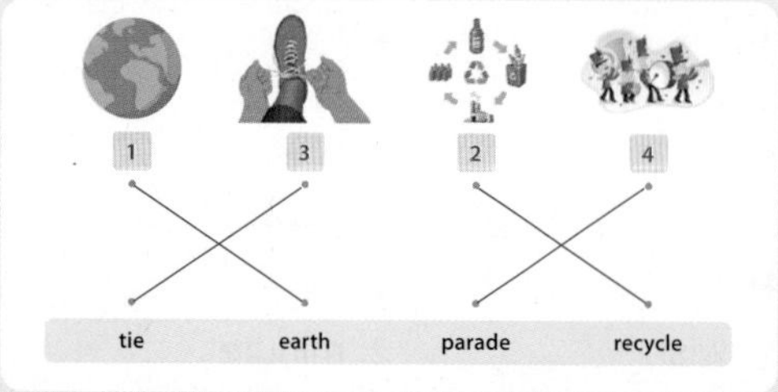

B

1. brain
2. save
3. choice
4. college
5. active
6. meal

C

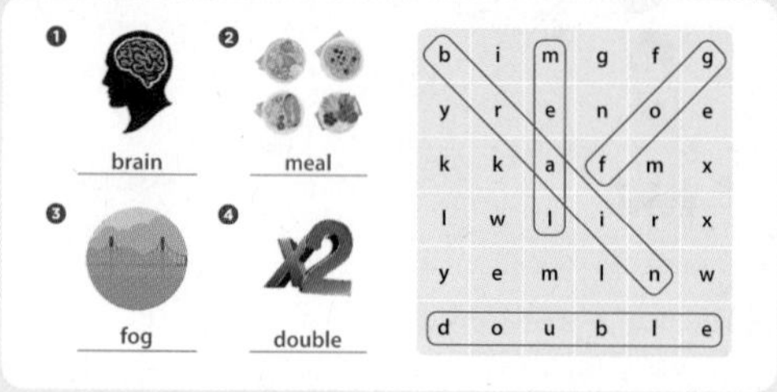

D

1. recycle
2. earth
3. active
4. choice

SCRIPT

A

1. earth
2. recycle
3. tie
4. parade

DAY 31

DAILY TEST p. 148

A

1. w, o
2. n, d
3. c, n
4. p
5. o, u, t
6. r

B

1. wet
2. secret
3. concert
4. step
5. pair
6. heaven

C

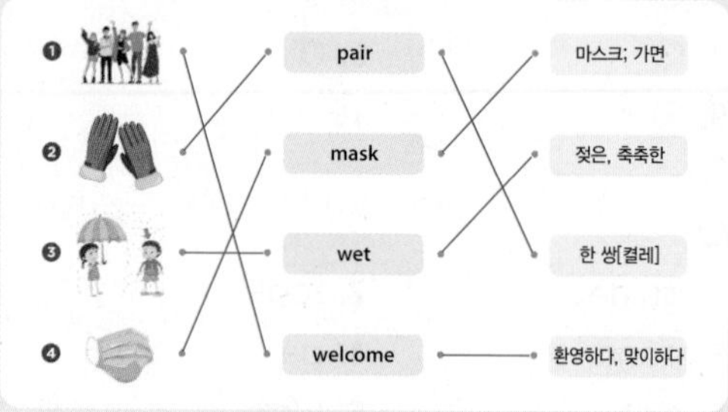

D

1. secret
2. nickname
3. inside
4. area

SCRIPT

A

1. welcome
2. inside
3. nickname
4. step
5. communicate
6. area

DAY 32

DAILY TEST .... p. 152

A

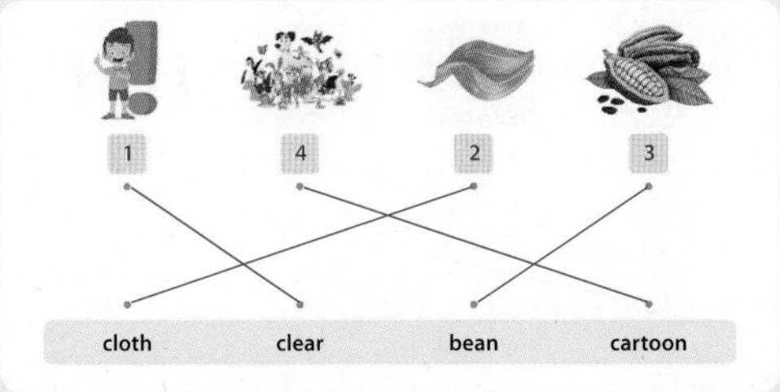

B

1. serve **2.** lock
3. cartoon **4.** clear
5. share **6.** tour

C

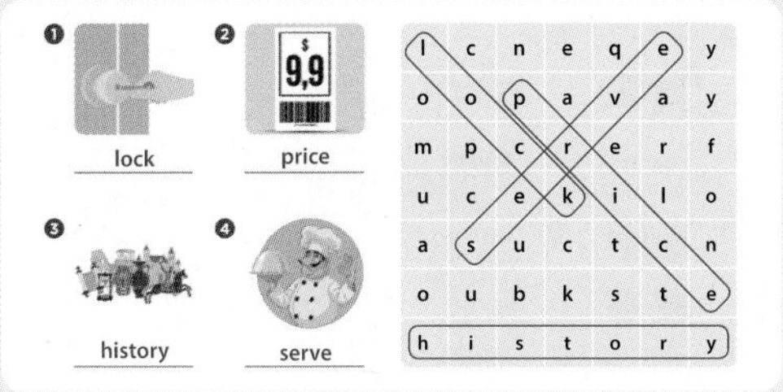

D

1. off **2.** price
3. experience **4.** share

SCRIPT

A

1. clear **2.** cloth
3. bean **4.** cartoon

DAY 29-32 REVIEW TEST .... p. 154

A

1. (발)걸음; 단계 **2.** 만화 (영화) **3.** [시간의 단위] 분; 잠깐, 순간 **4.** 체육관 **5.** (단과) 대학 **6.** 여행, 관광; 여행하다, 관광하다 **7.** 식사, 끼니 **8.** (양이나 수의) 두 배의 **9.** (음식을) 내다, 제공하다; (손님을) 응대하다 **10.** 경험; 경험하다, 겪다 **11.** 함께 쓰다, 공유하다; 나누다 **12.** 회사; 동료, 일행 **13.** 천국 **14.** 지구 **15.** 선택, 고르기; 선택권 **16.** (특정한 상황의) 경우; 용기, 통, 상자

B

1. ② **2.** ①
3. ② **4.** ③
5. ① **6.** ②
7. ③ **8.** ③
9. ① **10.** ②

C

1. lie **2.** concert
3. each **4.** brain
5. lock **6.** area
7. humor **8.** purple
9. parade **10.** mask
11. nickname **12.** cloth
13. history **14.** tie
15. pair **16.** bean
17. fog **18.** earth

D

1. outside **2.** dry
3. together

E

1. cost **2.** greet
3. hope

DAY 33

DAILY TEST p. 158

A

1. c
2. t
3. p, t
4. l, n
5. c, t, v
6. u, c

B

1. cave
2. pants
3. focus
4. wonder
5. joy
6. birth

C

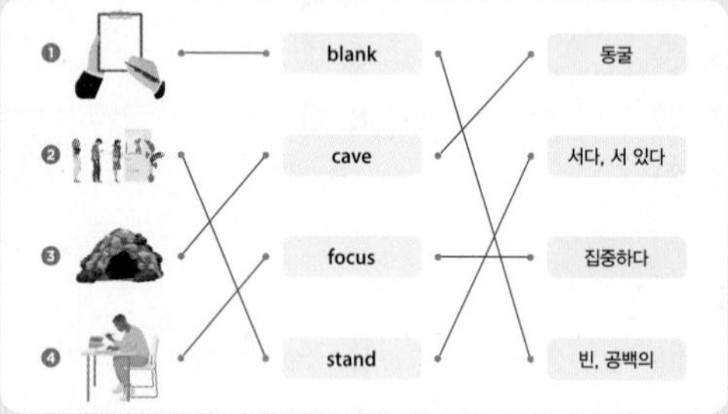

D

1. wonder
2. musician
3. lucky
4. plane

SCRIPT

A

1. lucky
2. birth
3. pants
4. plane
5. creative
6. musician

DAY 34

DAILY TEST p. 162

A

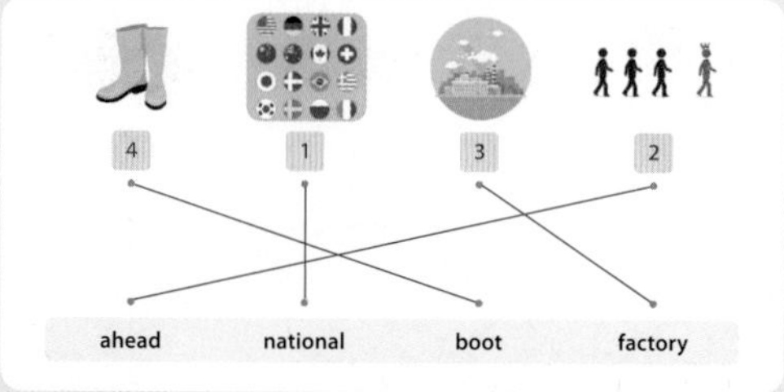

B

1. into
2. fail
3. divide
4. weekly
5. battle
6. ahead

C

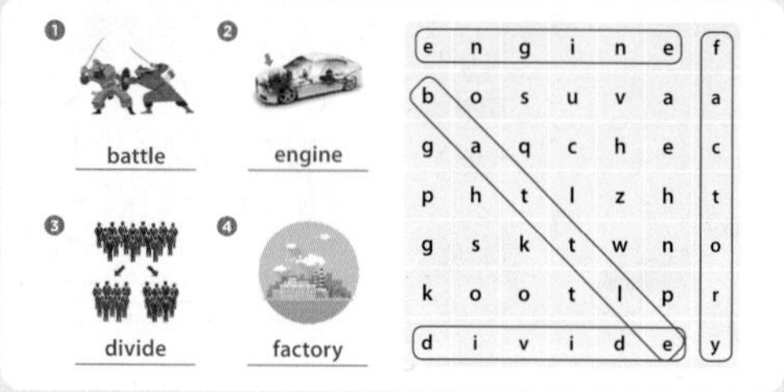

D

1. piece
2. failed
3. into
4. opinion

SCRIPT

A

1. national
2. ahead
3. factory
4. boot

DAY 35

DAILY TEST .... p. 166

A

1. l, t
2. l, u, g
3. h
4. s, c
5. m, s
6. e, a

B

1. advise
2. afraid
3. bicyle
4. peace
5. plant
6. online

C

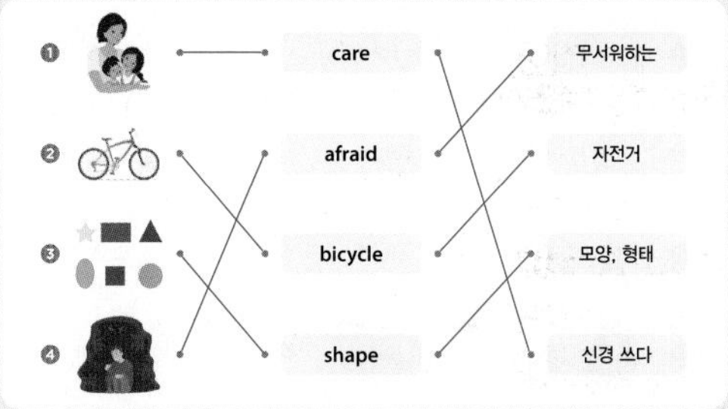

D

1. than
2. languages
3. online
4. discuss

SCRIPT

A

1. plant
2. language
3. shape
4. discuss
5. mouse
6. peace

DAY 36

DAILY TEST .... p. 170

A

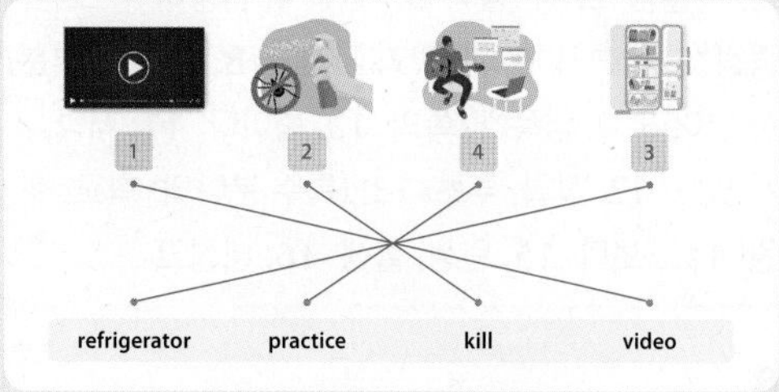

B

1. machine
2. academy
3. forever
4. south
5. kill
6. video

C

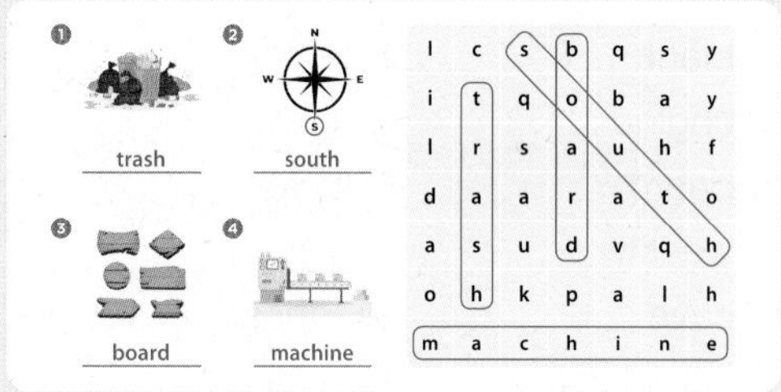

D

1. practice
2. friendly
3. Please
4. refrigerator

SCRIPT

A

1. video
2. kill
3. refrigerator
4. practice

DAY 33-36
REVIEW TEST .... p. 172

A

1. 신경 쓰다, 관심을 가지다; 돌보다; 주의, 조심; 돌봄, 보살핌 **2.** 쥐, 생쥐 **3.** 기계 **4.** 집중하다; 초점, 중점 **5.** 비행기 **6.** 바지 **7.** 자전거 **8.** 조각, 일부분; 한 덩어리 **9.** 남쪽; 남쪽의 **10.** 죽이다 **11.** 서다, 서 있다 **12.** 장화, 부츠 **13.** (특수 분야의) 학교, 학원 **14.** ~보다 **15.** 탄생, 출생 **16.** 냉장고

B

1. ② **2.** ①
3. ② **4.** ①
5. ③ **6.** ②
7. ② **8.** ①
9. ③ **10.** ①

C

1. blank **2.** factory
3. engine **4.** forever
5. board **6.** lucky
7. weekly **8.** plant
9. cave **10.** ahead
11. creative **12.** video
13. peace **14.** discuss
15. practice **16.** national
17. musician **18.** language

D

1. behind **2.** offline
3. succeed

E

1. garbage **2.** kind
3. empty

DAY 37

DAILY TEST .... p. 176

A

1. n, o **2.** f, l
3. i **4.** a, t, r
5. s **6.** t

B

1. age **2.** century
3. onion **4.** own
5. shock **6.** stay

C

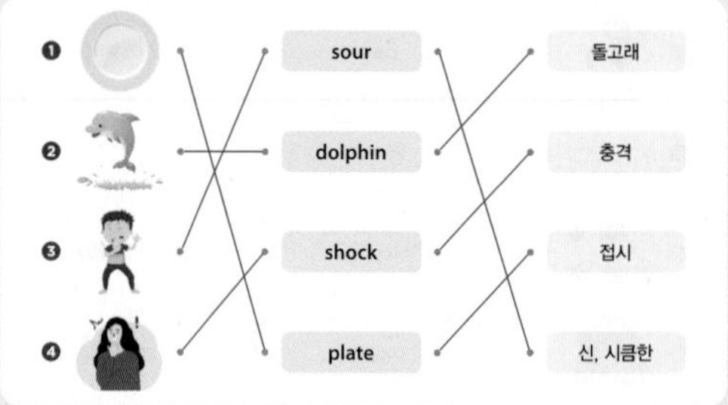

D

1. useful **2.** own
3. cafeteria **4.** daily

SCRIPT

A

1. onion **2.** useful
3. daily **4.** cafeteria
5. sour **6.** stay

DAY 38

DAILY TEST p. 180

A

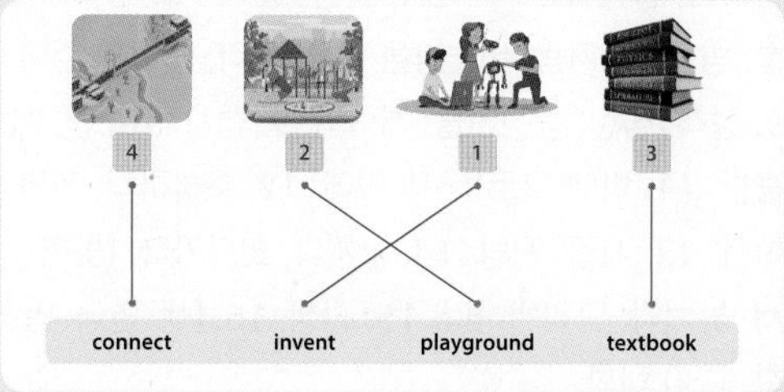

B

1. block	**2.** outside
3. healthy	**4.** over
5. basic	**6.** connect

C

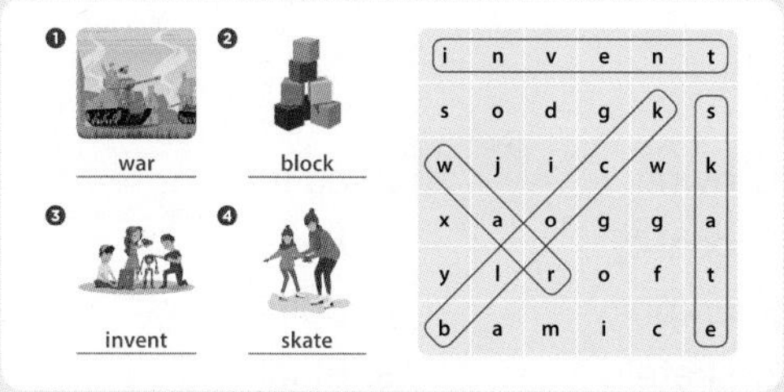

D

1. character	**2.** basic
3. healthy	**4.** over

SCRIPT

A

1. invent	**2.** playground
3. textbook	**4.** connect

DAY 39

DAILY TEST p. 184

A

1. m	**2.** r, t
3. n, t	**4.** o, v
5. u	**6.** d, d

B

1. solve	**2.** corner
3. print	**4.** farmer
5. stress	**6.** miss

C

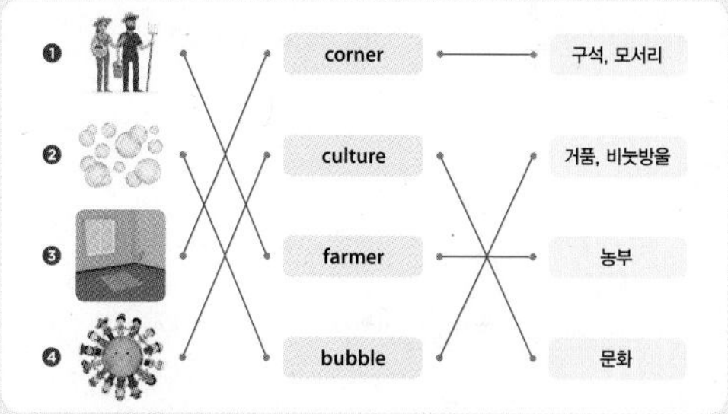

D

1. condition	**2.** tonight
3. stress	**4.** true

SCRIPT

A

1. miss	**2.** print
3. tonight	**4.** solve
5. true	**6.** dead

DAY 40

DAILY TEST .... p. 188

A

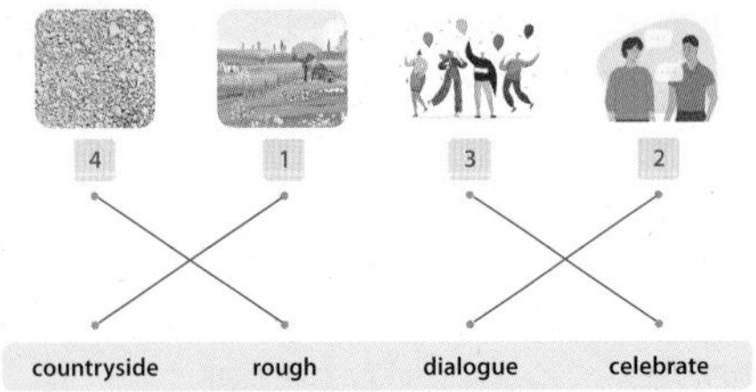

B

1. point
2. beauty
3. certain
4. dialogue
5. rough
6. message

C

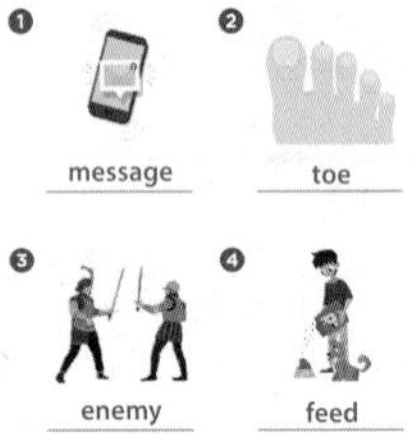

m	e	s	s	a	g	e
o	w	q	t	r	e	y
i	p	h	l	o	n	d
n	c	a	q	t	e	r
t	h	u	c	e	m	r
g	u	b	f	s	y	o
e	b	l	a	u	z	y

D

1. certain
2. countryside
3. point
4. adventure

SCRIPT

A

1. countryside
2. dialogue
3. celebrate
4. rough

DAY 37-40 REVIEW TEST .... p. 190

A

1. 교과서 **2.** ~ 위에[로]; ~ 이상의 **3.** 인쇄하다; 출판하다, 발행하다 **4.** 나이, 연령 **5.** 머무르다; 머무름, 방문 **6.** 거품, 비눗방울 **7.** 먹이다, 먹이를 주다 **8.** 성격, 성질; 등장인물, 캐릭터 **9.** 접시 **10.** 신, 시큼한 **11.** 밖에[으로]; ~의 밖에 **12.** 축하하다, 기념하다 **13.** 시골, 지방 **14.** 놓치다, 빗나가다; (늦어서) 놓치다; 그리워하다 **15.** 전쟁 **16.** (책·연극·영화 속의) 대화

B

1. ②
2. ②
3. ③
4. ①
5. ③
6. ③
7. ②
8. ①
9. ③
10. ②

C

1. own
2. culture
3. beauty
4. toe
5. dolphin
6. point
7. skate
8. block
9. cafeteria
10. healthy
11. adventure
12. condition
13. century
14. onion
15. stress
16. farmer
17. playground
18. message

D

1. smooth
2. false
3. alive

E

1. everyday
2. sure
3. helpful

INDEX

D

E

F

G

H

I

J

K

L

M

T

U

V

W

MEMO

MEMO

MEMO

MEMO

MEMO

지은이

NE능률 영어교육연구소

NE능률 영어교육연구소는 혁신적이며 효율적인 영어 교재를 개발하고 영어 학습의 질을 한 단계 높이고자 노력하는 NE능률의 연구조직입니다.

주니어 능률 VOCA 〈Starter 2〉

펴 낸 이 주민홍
펴 낸 곳 서울특별시 마포구 월드컵북로 396(상암동) 누리꿈스퀘어 비즈니스타워 10층
㈜NE능률 (우편번호 03925)
펴 낸 날 2023년 1월 5일 초판 제1쇄
2024년 6월 15일 제6쇄
전 화 02 2014 7114
팩 스 02 3142 0356
홈페이지 www.neungyule.com
등록번호 제1-68호
I S B N 979-11-253-4049-2 63740
정 가 12,000원

NE 능률

고객센터

교재 내용 문의 : contact.nebooks.co.kr (별도의 가입 절차 없이 작성 가능)
제품 구매, 교환, 불량, 반품 문의 : 02-2014-7114
☎ 전화문의는 본사 업무시간 중에만 가능합니다.

NE능률 교재 MAP

어휘

아래 교재 MAP을 참고하여 본인의 현재 혹은 목표 수준에 따라 교재를 선택하세요.
NE능률 교재들과 함께 영어실력을 쑥쑥~ 올려보세요!
MP3 파일 등 교재 부가 학습 서비스 및 자세한 교재 정보는 www.nebooks.co.kr 에서 확인하세요.

초1-2	초3	초3-4	초4-5	초5-6
	초등영어 단어가 된다 1	초등영어 단어가 된다 2 주니어 능률VOCA Starter 1	초등영어 단어가 된다 3 주니어 능률VOCA Starter 2	초등영어 단어가 된다 4

초6-예비중	중1	중1-2	중2-3	중3
주니어 능률VOCA 입문		주니어 능률VOCA 기본 능률VOCA 어원편 Lite	주니어 능률VOCA 실력	주니어 능률VOCA 숙어

중3-예비고	고1	고1-2	고2-3	고3
	능률VOCA 어원편 능률VOCA 고교기본 능률VOCA 숙어 TEPS BY STEP L+V Basic	능률VOCA 고교필수 2000	능률VOCA 수능완성 2200 특급 수능·EBS 기출 VOCA TEPS BY STEP L+V 1	

수능 이상/ 토플 80-89· 텝스 327-384점	수능 이상/ 토플 90-99· 텝스 385-451점	수능 이상/ 토플 100· 텝스 452점 이상		
TEPS BY STEP L+V 2	능률VOCA 고난도	TEPS BY STEP L+V 3		